MARIA BACHMANN
Panikrocker küsst man nicht

GOLDMANN
Lesen erleben

Das Buch

Eindrucksvoll und inspirierend: die leidenschaftliche Geschichte einer lebenshungrigen Frau, die ausbricht und
erst Udo Lindenberg, dann die große weite Welt und
schließlich ihr eigenes Leben erobert.

Die Autorin

Die Schauspielerin und Autorin Maria Bachmann ist seit
1993 einem großen Publikum aus zahlreichen Kino- und
TV-Produktionen bekannt. Neben ihrer Schauspiel-
karriere ist sie Trainerin für persönlichen Ausdruck und
Präsenz und unterstützt Menschen dabei, ihre wahre
Motivation zu finden. 2013 erschien *Bin auf Selbstsuche –
komme gleich wieder* im Ludwig Verlag. Mit ihrem letzten
Buch *Du weißt ja gar nicht, wie gut du es hast* stand sie
auf der *Spiegel*-Bestsellerliste. Maria Bachmann lebt in
München.

www.mariabachmann.de
Kontakt zur Autorin: panikrocker@gmx.de

Maria Bachmann

Panikrocker küsst man nicht

Wie mich die wilde Liebe zu Udo Lindenberg ins Leben katapultierte

GOLDMANN

Verlagsgruppe Random House FSC® N001967

1. Auflage
Aktualisierte Neuauflage 2020
Copyright © 1992/1993 und 2019
by Wilhelm Goldmann Verlag, München,
in der Verlagsgruppe Random House GmbH,
Neumarkter Straße 28, 81673 München
Umschlaggestaltung: UNO Werbeagentur, München,
unter Verwendung eines Motivs von FinePic®, München
Lektorat: Doreen Fröhlich
DF • Herstellung: KW
Satz: KompetenzCenter, Mönchengladbach
Druck und Einband: GGP Media GmbH, Pößneck
Printed in Germany
978-3-442-14258-3
www.goldmann-verlag.de

Besuchen Sie den Goldmann Verlag im Netz

Für Udo Lindenberg und alle Rastlosen

»Blicken Sie ins Feuer, blicken Sie in die Wolken, und sobald die Ahnungen kommen und die Stimmen in Ihrer Seele anfangen zu sprechen, dann überlassen Sie sich ihnen, und fragen Sie ja nicht erst, ob das wohl auch dem Herrn Lehrer, dem Herrn Papa oder irgendeinem lieben Gott passe oder lieb sei! Damit verdirbt man sich.«

Hermann Hesse, *Demian*

»Maria war damals schon 'ne Schlau-Frau, erst 'n bisschen schüchtern vom Kartoffelacker in die Großstadt,
künstlerisch, immer neugierig auf die Wundertüte des
Lebens. Heute gibt sie den Leuten viel Energy, Fraktion
›Durchblick und Unbescheidenheit‹. Coole Compagnera
mit Seelen-Tieftaucher-Lizenz und Abenteuergeist. Das
brauchen wir heute.«

Udo Lindenberg, *Dezember 2019*

Vorgedanken

2019. Hamburg. Hotel Atlantic. Ich bin mit meinem neuen Buch auf Lesetour durch Deutschland. Auf einem der dunklen Ledersessel im Foyer sitzend, bestelle ich grünen Tee. Das Telefon klingelt. Er ist dran. Wir treffen uns gleich.

Als ich jung war, war ich einsam und orientierungslos. Meine Füße steckten in einem Betonkübel von Angst vor meinem eigenen Leben. Ich wollte das ändern. Mir war damals nicht bewusst, dass ich Sehnsucht nach mir selbst hatte und jemanden brauchte, der mich sieht und erkennt, der an meinem Käfig rüttelt und mich so wach macht, dass ich ausbrechen und wachsen konnte. Dieser Jemand war Udo Lindenberg. Er schubste mich radikal zu mir selbst hin, zu meinem eigenen Willen und meinen wahren Wünschen. Heute kann ich unsere Liebesaffäre einordnen. Eigentlich war es eine Lebensaffäre.

Anmerkungen

Als ich das Manuskript schrieb, war ich sechsundzwanzig. Nach vielen Jahren habe ich jetzt einen neuen Blick zurück geworfen. Ich stelle fest, dass jede Lebensphase essenzieller Baustein für das Gelingen des eigenen Lebens sein kann. Manchen Sinn erkennt man erst Jahre später. Dann fügt sich das Bild des eigenen Lebens zu einem schlüssigen Ganzen. Erst mit diesem Abstand konnte ich sehen, wie wichtig der Einfluss von Udo Lindenberg tatsächlich auf mich war. Er hat mich all die Jahre bis heute begleitet, und ich ihn – ferner oder näher. Jetzt bin ich die, die ich bin. In dieser überarbeiteten Neuauflage habe ich Aspekte eingeflochten, die zwar immer Thema waren, aber im Text bislang fehlten. Es war mir ein Anliegen, die Zeit der radikalen Selbstsuche zu vervollständigen und sie nachvollziehbar zu machen.

Udo Lindenberg heißt im nachfolgenden Text »Gerhard Lotus«. Diesen »Decknamen« hat er sich 1991 – kurz vor Druck der Erstausausgabe – ausgedacht und für gut befunden. Gerhard ist sein zweiter Vorname, und der

»Lotus« spricht für sich: Es ist die Pflanze, die in tiefem Schlamm wurzelt und an der Oberfläche in schönster Blüte erstrahlt.

Viele Namen sind zum Schutz der Beteiligten verändert. Ich beschreibe meine persönliche Wahrnehmung der Dinge.

Ich stehe fast während der ganzen Frühschicht im »Ausguss«. Das ist der Raum, den man nur betritt, wenn es unbedingt sein muss, um die vollgepissten Bettpfannen zu desinfizieren oder die vielen Blumen der Patienten auszusortieren. Was noch nicht verwelkt ist, kommt zurück in die Vase. Auch wenn's ein bisschen mickrig aussieht: zwei einzelne Blütenstängel. Ich zähle die Stunden bis zur Übergabe. Wenn die gelben Lampen über den Türen aufleuchten, gehe ich in die Krankenzimmer, auch das ist mein Job. Zu manchen Patienten geh ich sehr gern. Die nennen mich »ihren Sonnenschein«. Ich muntere sie auf, hole ihnen Tee oder gehe mit ihnen auf dem sterilen, weißen Gang spazieren. Dafür ist aber wenig Zeit. Bei den Schwerkranken gebe ich mir jedes Mal vor der Tür einen Ruck. Vielleicht bin ich tatsächlich zu zart für diesen Beruf, was viele schon von mir behauptet haben. Ich kann zumindest nicht sachlich und nüchtern mit den Kranken umgehen. Da schwingt immer noch etwas anderes mit, eine Ahnung dessen, was sie vielleicht wirklich wollen: eine Umarmung, Ruhe, ein ehrlich gemeintes Lachen, sterben können, Verständnis. Ich habe Angst, diesem Sog, der aus einem einzigen unausgesprochenen »Hilfe« besteht und mich erfasst, sobald ich nur die Tür aufmache, überwältigt zu werden. Ich wünschte, ich wäre professioneller, robuster, und hätte meine Gefühle mehr im Griff. Der weiße Kittel ist zwar ein Schutz, aber er ist dünn.

Frau Schneider hat Dünndarmkrebs. Sie kann nicht mehr essen. Auch nicht, wenn ich sie füttere. Ich sitze an ihrem Bett und sehe ab und zu auf die Parkanlagen mit den Hagebuttensträuchern am Wegrand. Einige Patienten gehen in Bademantel und Schal spazieren. Ein warmer Aprilmorgen.

»Ich hab gar kein Appetit, Schwester …« – »Aber ein bisschen können Sie bestimmt noch …« Ich weiß, dass sie nicht mehr kann. Ihre knochige Hand krallt sich in meiner fest: »Ich möcht sterbe, des is kei Lebe!« Sie lässt mich nicht los, und ich sterbe von der Hand aufwärts bis zum Ellenbogen ein bisschen mit ihr. Am liebsten rauslaufen, sie ihrem Leiden überlassen, ihrem Kot, in dem sie oft liegt. Was weiß ich schon vom Sterben? Ich weiß ja noch nicht mal was vom Leben. Das alles denke ich in Sekundenschnelle, und dabei möchte ich sie um Entschuldigung bitten. Das passiert mir immer wieder. Ich mag sie doch, Frau Schneider, die liebe Frau Schneider, die mir immer ihren Nachtisch aufhob, als sie noch selbstständig essen konnte, ihn im Nachtschränkchen versteckte und ihn rausholte, wenn wir allein im Zimmer waren. Die Zeit ist lange vorbei. Jetzt ist Sterbenszeit. »Wissen Sie was, Schwester«, reißt sie mich aus meinen Gedanken, »… ich hätt gern was zu trinken.« Ich bringe ihr Kamillentee. Sie ist dankbar, und ich schäme mich. Weil es so wenig ist, was ich ihr gebe, und sie sich so sehr darüber freut. Ich kann doch in diesem Job nicht immer mit einem schlechten Gewissen rumlaufen? Tue ich nicht das, was alle anderen auch tun? Ich gehe zurück zum »Ausguss« und sortiere die Blumen weiter, umnebelt von Sagrotanspray und dem beißenden Uringeruch aus Zimmer 52.

Ich sollte diese Arbeit lieben! Aber jeden Tag gehe ich unzufrieden von Station. Ich schäme mich vor mir selbst. Ich vermisse die Leidenschaft in fast allem, was ich tue. Dafür sind die Momente, in denen sie aufflammt, geradezu heilig. Wenn ich tanze. Wenn ich »Forever young« höre. Wenn ich Tagebuch schreibe. Wieder leuchtet das Licht über dem Zimmer von Frau Schneider. »Gehn Sie, Schwester Maria? Nehmen Sie Waschzeug mit.« Die Kollegin klingt tonlos. Als habe sie schon viele Leichen gesehen. »Ja«, sage ich und öffne die Tür. Es stinkt erbärmlich nach Kot. Im selben Moment, da der Gestank in meine Nase dringt, sehe ich die Glasscherben auf dem Boden. »Ich hab's nur nehmen wolle, i kann net …« Ihre Augen werden nass und suchen einen Fixpunkt an der Zimmerdecke. »Ist ja gut, Frau Schneider, ich mach das schon.« Der Geruch bringt mich fast um. Ich drehe Frau Schneider vorsichtig von einer Seite auf die andere, wasche sie, wechsele das Bettlaken und lagere sie neu, damit sie nicht wundliegt. Wie lange muss sie noch so daliegen? Ohne Besuch von Verwandten? Ich stehe da und denke: Stirb doch endlich! Hoffentlich hält sie nicht wieder meine Hand fest – und greife doch selbst nach ihrer, um sie zu drücken, nicht zu stark, ganz leicht. Um sie zu streicheln. »Sie sind so lieb, Schwester«, flüstert sie, und Tränen rinnen über ihr faltiges Gesicht. »Sie haben alles noch vor sich. Sie sind jung!« Ja.

Jung und mutig, oder nicht? Ich habe mein bayrisches Heimatdorf verlassen, um die Welt kennenzulernen, und bin in der Nähe von Freiburg im Schwarzwald als Krankenschwester gelandet. Vorher war ich Arzthelferin beim Urologen und beim Internisten. Den Arzthelferinnenjob wollte ich unbedingt machen, weil er mich herausforderte. Er war eine Mutprobe. Ich weiß es noch genau, wie es dazu kam: Ich saß fünfzehnjährig in der Küche meiner Eltern an der Schreibmaschine und tippte meine Bewerbung an die Gemeindeverwaltung in unserem Ort. Ich hoffte schon während des Tippens, dass sie mich nicht nehmen würden. Aber ich hatte immer gute Noten. Wahrscheinlich würden sie ganz wild auf mich sein. Bei uns gab es keine große Auswahl an Berufen. Das Außergewöhnlichste war »Drogistin«. Eine aus meiner Klasse hatte den Platz schon ergattert. Mit den Drogen hatte sie allerdings nichts zu tun. Aber mit »4711, echt Kölnisch Wasser.« In der Gemeinde müsste ich »aufs Büro« gehen. Das würde bedeuten: ein Weg von drei Minuten zur Arbeit, denn das Rathaus war gleich um die Ecke; pünktlich zum Mittagessen zu Hause sein; dann wieder Büroarbeit; nachmittags um drei Kaffeetrinken mit den langweiligen Kolleginnen; und um vier Uhr zurück nach Hause zu Mutter und Vater. Ich bekam Atemnot bei dem Gedanken, bis zum Rentenalter in dieser Öde so langsam zu verrecken. Genau so sollte mein Leben nicht aussehen, auch wenn meine Eltern mir die – nach ihrer Meinung – wohl schönste Seite davon schilderten: »Im Büro hast du früh Feierabend.« Was hatte ich davon, wenn nach dem Feierabend nichts los war? Wenn der Punk immer genau da abging, wo ich nicht war? Vorzugsweise in großen Städten. Die kannte ich nur vom Schulatlas. Aber mit fünfzehn unseren Ort zu verlassen war unmöglich. Wo hätte ich hingehen sollen? Deshalb begann ich das Wagnis in einer urologischen Arztpraxis in der Nachbarstadt. Ich wollte was tun, was andere vielleicht nicht so leicht hinkriegten. Ich musste für die große Welt üben. Und ich wollte, dass man auch mal *mich* fragt, und wenn es nur nach dem Blutergebnis der letzten Woche ist.

Die Ausbildung zur Arzthelferin dauerte nur zwei Jahre. Danach konnte ich gleich Geld verdienen. Zu Hause gab es nicht so viel davon. Früh eigenes Geld haben war das Allerwichtigste für meine Eltern. Studieren war ohnehin nur was für die Kinder reicher Leute, zu denen wir niemals gehören würden. Für unsereins war »Zeit verplempern mit unnötigem Zeug« keine Option. Das war nur was für Faule und Nichtsnutze. Ich staunte ungläubig, wenn ich in unserem Fernseher Leute sah, die keine festen Arbeitszeiten hatten, sondern sie sich selbst einteilten. Sie arbeiteten nachts oder sogar am Sonntag, wo ich zwei Mal in die Kirche ging. Einmal in die Heilige Messe und einmal in die Nachtmittagsandacht. Das waren Künstler. Maler oder Musiker. Sie unterschieden auch nicht zwischen Alltags- und Sonntagskleidung.

Schnell merkte ich, dass mir die Arbeit im weißen

Kittel nicht das große Lebensgefühl brachte, das ich gern gehabt hätte. Und es kam mir so vor, als sei ich in der Arztpraxis auch die Einzige, die es suchte. Freitags nachmittags putzte ich stundenlang das Labor und sortierte Röntgenbilder ins Archiv. Abends holte mich die Enge meines Dorfes wieder ein; sie legte sich wie ein Nebel über mich und machte mich ganz schwach und willenlos, so dass ich nur noch träumen konnte … von der Flucht, von der Flucht … Manchmal war ich mir sicher, dass in mir eine ganz andere steckte, die nur nicht rauskonnte. Wie gern hätte ich sie losgelassen, die freie Maria, die schöne, die tut, was sie will, weil sie weiß, was sie will, die aufrecht im Leben steht, die geliebt wird, und die vor nichts und niemandem Angst hat.

Der Ausweg – so schien es – eröffnete sich mit einem Besuch beim Arbeitsamt. Man bot mir eine Umschulung zur Krankenschwester in Freiburg an. Wieder ein weißer Kittel. Wieder ein Kompromiss. Aber ich hörte nur noch »Freiburg« und dachte daran, dass Freiburg eine viel größere Stadt als unser Kaff und ganze dreihundert Kilometer weg war; das hieß, ich musste dort hinziehen, eigene Bude; das hieß, ich würde den Absprung wagen; das hieß, die Ausbildung so nebenbei und hauptberuflich das große Lebensziel finden. Also packte ich meinen Koffer. »Mädle, mach des net, du kannst des net, des is doch so weit weg …« Ich hörte meine Mutter gar nicht mehr. Und meinen Vater auch nicht. Ich musste die Chance ergreifen.

In einer Stunde ist die Frühschicht zu Ende.

»Hast du Lust, morgen Abend auf ein Konzert zu gehen?«
Barbara hat Nachtdienst und kann nicht hinfahren. »Ich
schenk dir die Karte!« Sie hat sie gleich dabei und fängt
an, in ihrer Handtasche danach zu kramen.

»Ich war noch nie auf einem Konzert.« – »Du, Zimmer
51 blinkt, gehst du?« – »Mhm.« Doch, ich war schon auf
Konzerten. Ich denke an die Open-Air-Veranstaltungen
in meinem Heimatort. Laute Musik von lauten Bands und
immer den Blick in die Menge schweifen lassen. Irgendein
Schwarm war immer dabei, in den man sich für einen Tag
möglichst hoffnungslos verlieben konnte. Je mehr ich verliebt war, umso lebendiger fühlte ich mich. Musik konnte
das Gleiche bewirken, aber sie musste entweder brutal
dröhnen oder mich zum Heulen bringen. Die Frau in
Zimmer 51 war nur versehentlich an die Klingel gekommen. »Ich brauch nix, Schwester.« Manchmal gab es
einen schüchternen Zug von einem Joint im VW-Bus.
Manchmal auch größere Ladungen. Die wurden von der
Zewa-Rolle inhaliert. Oder von einer Bong. Heimlich auf
dem Parkplatz. Die Musik von der Bühne hörte man dann
nur ganz leise im Hintergrund: »Morgenrot, bleib noch
eine Weile da«, sangen sie. Joints waren nichts für mich.
Mir wurde meistens schlecht, kriegte eine Fressattacke,
oder ich war gelähmt und gepeinigt von der Angst, nie
mehr laufen zu können. Aber ich wollte einfach dabei
sein, da, wenn schon mal was abging. »Was ist es denn für
ein Konzert?« Ich ordne die Tabletten-Tagesrationen der

Patienten in kleine, hellblaue Plastiktöpfchen. »Gerhard Lotus. Kennst du den?« Sie hat endlich die Karte gefunden und hält sie mir hin, funkelnagelneu und unzerknittert.

»Ja, ein bisschen.« Gerhard Lotus. Ich kenne nur eine einzige LP von ihm: »Udopia«. Das war meine erste und lang einzige Platte. Ich habe sie im »Disco-For-You-Shop« gekauft. Das war unser Plattenladen gleich gegenüber der Urologenpraxis. Ich setzte mich regelmäßig auf den Barhocker, ließ mir LPs auflegen und beamte mich per Kopfhörer weg. »Udopia« kaufte ich auf Risiko, ohne Reinhören. Nur, weil ich das Cover so brutal anziehend fand. Der Sänger mit diesem verklärten Scheißegal-Blick in einem Kettenhemd auf nackter Haut. Das Ganze mit Blaustich. Dem hatte bestimmt keiner gesagt: »Das kannst du doch nicht anziehen, Bub!« Und wenn's ihm gesagt worden war, dann hatte er müde drüber gelächelt und es doch gemacht. In seinen Augen lag etwas Provozierendes. Fast hörte ich ihn sprechen, so was wie »Tu's doch«. Je länger ich mir das Cover ansah, desto deutlicher erkannte ich, dass dieser Sänger über viele Dinge Bescheid wissen musste, von denen ich keine Ahnung hatte. Mir war klar, es würde meine Mutter schockieren, wenn sie die Platte sehen würde. Allein, dass es diesen Typ gab, war eine Gefahr für ihr geradliniges Erziehungsmodell. So ein langhaariger »Gammler« könnte einen für immer verderben. Ich musste die Sauberkeit meines Familienalltags etwas ankratzen, etwas mehr Lebendigkeit ins starre System bringen. Ich verließ den Plattenladen um 19,80 DM ärmer und mit dem satten Gefühl, das Sheriffs im Wes-

tern haben mussten, wenn sie nach einer Schießerei ge-
mächlich den Colt zurück in den Gürtel steckten.

Zu Hause spielte ich die Scheibe auf dem Plattenspieler
mit dem Deckel, der gleichzeitig Lautsprecherbox war.
Die Songs verursachten Herzrasen. Das war der Inbegriff
der Anarchie: »Bumsen oder Onanie ist verboten, und
zwar wie! Halleluja!« Mensch, war der mutig. Er stachelte
meine Lust zum Ausbrechen geradezu an. Aber wohin?
Die anderen Mädels aus meiner Klasse gehörten wenigstens den »Sharks« an, *der* Motorradgang bei uns. Treffpunkt war der Platz an der Raiffeisenbank, wo eingeteilt
wurde, wer mit wem den »Bock reitet«. Ich ging manchmal an ihnen vorbei, wenn ich vom Einkaufen kam. Dann
brachte ich ein scheues »Hallo« heraus. Die »Sharks« lie-
ßen gerne ihre Maschinen aufheulen oder griffen sich ein
Mädchen und knutschten es ab, wobei das Mädchen ein
möglichst leidenschaftliches Gesicht machte. Ich konnte
mir nicht vorstellen, dass das Spaß machen sollte. Dennoch wäre ich gern dabei gewesen. Ersatzweise sah ich
mir sonntags abends im Fernsehen »Die Straße« an, eine
Serie über eine Rockergang in einem Jugendzentrum.
Jedes Mal, wenn der Titelsong »Hotel California« losging,
träumte ich, ich könnte auf der Maschine des Schau-
spielers sitzen und dürfte seine »Braut« sein. Er würde ein
paar Fensterscheiben einschlagen oder ein Auto knacken,
und ich dürfte mir viele Sorgen um ihn machen und bei
der Polizei aussagen. Dann würde er reumütig nach
Hause kommen und sagen, dass er mich sehr liebt; wir
würden uns lange küssen, und das würde sich ganz toll

anfühlen. Dazu schaute ich mir das Poster von ihm aus der »Bravo« an, die ich mir heimlich gekauft und unter dem Bett versteckt hatte. Er hatte es geschafft. Und alles, was er tat, wurde anerkannt.

Für mich hingegen war es schon eine Leistung, sonntags nicht, wie meine Eltern vermuteten, in den Gottesdienst, sondern in den »Löwen« zum Frühschoppen zu gehen. Und das auf die Gefahr hin, dass ich von Theo, der als Küster die Kommunion austeilte und früher die Kirche verließ, gesehen wurde. Theo würde es seiner Frau erzählen und die meiner Mutter. Und dann wäre die nächste Trübseligkeit fällig: drei Tage lang Luft zum Schneiden zu Hause, wie es immer war, wenn etwas passierte, was nicht ins Raster passte. Es war unerwünscht und brachte unsere Familie völlig durcheinander. Deshalb wurde darüber geschwiegen. Wir glaubten, dass alles Unliebsame durch Schweigen sang- und klanglos wieder verschwinden würde. Manchmal dachte ich, ich könnte doch gleich mit verschwinden mit dem Unerwünschten. Aber ich liebte meine Eltern zu sehr, und sie liebten mich, und ich wollte ihnen nicht mehr Kummer bereiten, als unbedingt nötig war. Wenn mein Frühschoppengang also schon so gefährlich war, wie sollte dann der absolute Ausbruch aussehen?

Und so hielten mich Gerhard Lotus' Songs über Wasser – als Brücke zur Freiheit.

März 1984, Schwarzwaldhalle Freiburg. Daniela und ich drängeln uns weiter vor. Ich muss aufpassen, nicht von einem Plastikkanister mit Rotwein getroffen zu werden. Die Plastikbecher zersplittern bei jedem Schritt unter meinen Füßen, und von rechts weht mich der heuartige Geruch von einem Joint an. Ich kann nicht sehen, wer ihn raucht. Ich stehe nur da, und meine Hand tastet ab und zu wie programmiert an die Geldbörse in meiner Tasche. »Pass auf deinen Geldbeutel auf«, höre ich die Stimme meines Vaters, als stünde er direkt neben mir. Aber das kann nicht sein. Er würde sich das hier nie antun. Ich starre auf das Gewimmel auf der Bühne. Rotes Licht, Federboas, schwarzes Leder, das ist tatsächlich ein Transvestit, laut, Gebrüll, Schlagzeug, die Boxen dröhnen. Nonnen tanzen, ein kleiner Teufel wedelt im Rhythmus mit seinem Schwanz und streckt die Zunge raus, kriegt eine Mistgabel in den Hintern, ein Bischof segnet uns alle. Der reinste Skandal.

Und dieser Mann, der das Mikro schwingt. Er ist der Aufrührer vor dem Herrn und macht einfach, was er will. Er singt vom Straßenfieber, von Sehnsucht und Einsamkeit, prickelfitten Quickies, redet von kaputten Lügendetektoren im Bundestag, von Hallöchen und Aufruhr. Ich finde ihn so hässlich, dass ich ihn schon wieder wunderschön finde. Er redet von uns als seinen Freunden. Die Halle stinkt nach Alkohol und Dope. Das ist kein Trip. Das ist der blanke Wahnsinn.

Daniela und ich stehen auch dann noch zwischen den zertretenen Pappbechern, als die Halle leer ist – bis auf die Roadies und Techniker, die die Bühne abbauen. Ich sage zu Daniela, dass ich diesen chaotischen Rockstar unbedingt aus der Nähe sehen will, und bin so angekickt, so aufgeregt, so fasziniert, dass nichts, aber auch gar nichts in der Welt mich davon abbringen könnte. Ich muss gucken, ob er echt ist. Wir haben von einem Ordner erfahren, wo der Bandbus steht, und da sind wir nun, Daniela und ich. Ich stehe unter einem Baum, es regnet, ich bin verschreckt von so viel Tumult. Vor mir viele Mädchen, die in Sprechchören nach ihm rufen: »Gerhard, Gerhard, Gerhard ...!« Ich verstehe das alles gar nicht. Was ist das für eine Welt? Wieso lerne ich das alles erst jetzt kennen? Der Sprechchor verzerrt, wird konfus und endet in einem einzigen Gegröle, dazwischen spitze Schreie einzelner Mädchen. Er kommt. Er sieht aus wie ein ganz normaler Mensch. Ein bisschen kleiner vielleicht, als ich dachte. Die Band steigt in den Bus. Auch lauter Ausgeflippte, Punkfrisuren und -klamotten. Darunter eine Frau mit wasserstoffblondem Wildhaar, Netzstrumpfhose und schwarzem Lippenstift. Sie sieht aus wie ein Raubtier und flößt mir schon von Weitem Ehrfurcht ein. Jetzt Gerhard Lotus. Er setzt sich vorn neben den Fahrer und guckt apathisch in die Menge. Ganz ruhig. Ich studiere ihn, denke, dass es ein tolles Gefühl sein muss, wenn so viele deinen Namen rufen: »Maria, Maria, Maria ...« Wie schafft man das? Ich bilde mir das nicht ein, was ich jetzt wahrnehme: Gerhard Lotus schaut mich an. Mich. Hinter mir ... nein, hinter mir steht niemand mehr. Er winkt mir, gibt mir ein Zeichen, dass ich zu ihm kommen soll. Ich? Ich reagiere gar nicht. Ich habe nasse Füße. Mir ist kalt. Ich trage nur den dünnen Trenchcoat aus dem Secondhandladen. Und habe vergessen, mir die Lippen nachzuziehen. Sein Bodyguard kommt auf mich zu. »Du sollst mal zum Meister.« Der Typ heißt Shadow. Shadow hebt mich hoch und trägt mich über die Menge hinweg. Ich sehe auf Kopfscheitel, Mützen und Schirme. Ein Raunen geht durch die Menschenmasse, als sie begreifen, dass wir uns dem Bus nähern. Schreien, als Shadow mich auf den Stufen absetzt. Und dann bin ich drin. Direkt vor ihm. So sieht also ein Star aus der Nähe aus. Bislang kannte ich nur seine Stimme und danach immer die meines Vaters: »Mach das Gejammer aus, der kann doch nicht singen.« Nun hing an dieser Stimme ein ganzer Kerl. Ich fühle Anziehung und Abgestoßensein zugleich. Er soll bloß nicht denken, dass ich ein Fan bin. Hier geht es um mehr. Er fragt mich, wie mir die Show gefallen habe. Ich kämpfe um Worte, auch um hochdeutsche Worte, und behaupte, dass er die ganzen Lieder doch nur wegen der Kohle schreibe und nicht, weil es seine Meinung sei. Ich will niemand sein, der alles ungefragt hinnimmt. Und ich will nicht sein wie die anderen, die ihn anhimmeln. Er legt sofort den Arm um mich: »Was machst du denn jetzt noch? Wir sollten das mal ausdiskutieren.« Ich schlucke, fühle mich seltsam beschützt. Das Abenteuer geht los. Ich sehe ständig auf diesen schon hundertmal gewaschenen Pelzchenbesatz am Halsausschnitt seines Shirts. Leopardenmuster. Sieht irgendwie albern aus. Er riecht nach einer Mischung aus Parfüm,

Schweiß und Zigaretten. Er ist mir zu nahe. Ich stehe vor ihm in dem fahrenden Bus wie bestellt und nicht abgeholt, bis er mich auf seinen Schoß zieht. Ich habe noch nie auf dem Schoß eines Mannes gesessen, der eine Lederhose trug. Frage mich, ob ich überhaupt schon mal auf dem Schoß eines Mannes gesessen habe, so fremd ist das Gefühl. Ich kann seinen Blick nicht aushalten. Alles in seinem Gesicht ist groß und lüstern. Seine Nasenlöcher blähen sich auf wie die Nüstern eines rebellischen Pferdes. Aber in seinen Augen ist etwas, das mich beruhigt; es ist, als wollten sie sagen: »Hey, Mädchen, ich bin auch schon durch das Tal des Todes gegangen!«

»Was machst du so?« – »Ich bin Krankenschwesternschülerin.« – »Echt, Krankenschwester?« Er staunt, sieht mir ins Gesicht, denkt nach, fragt mich, was ich so lese. Ich sage: »Hermann Hesse«. Das ist überhaupt das Einzige, was ich lese. Er sagt, er auch, redet vom *Steppenwolf*, von *Narziss* und von der Einsamkeit. Auch *Siddharta* kennt er. Meine Güte, ich bilde mir ein, er könnte etwas von mir begreifen. Auf meiner jahrelangen Suche nach jemandem, der mich versteht, meine Fragen nicht als Irrsinn abtut, gerate ich ausgerechnet an Gerhard Lotus. Warum? Ich bin nicht sechzehn, wie er meint, ich bin zwanzig.

Wir gehen in eine Kneipe, wo Gerhard Spinat, Spiegelei und Kartoffeln isst. Müsste ein Popstar nicht etwas anderes essen? Kaviar mit Löffeln? Mein Hirn dreht durch. Ich trinke Campari-Orange, er Tee. Als er an meinem Campari nippt und das Gesicht verzieht, möchte ich den Drink am liebsten sofort zurückgehen lassen. Ich will nichts trinken, was er nicht trinken würde. Ich will überhaupt am liebsten sofort so sein wie er. Undurchsichtig. Geheimnisvoll. Strotzen vor Sexappeal und Selbstbewusstsein. Doch wo soll ich das so schnell hernehmen? Ich kaue ständig an den Fingernägeln. Das hätte ich nicht tun sollen, denn er nimmt meine Hand in seine und studiert jeden einzelnen Finger. Er sieht die Stellen, die aufgerissen sind, der Nagel abgebrochen und das Nagelbett rot entzündet. Das ist das Peinlichste, was mir passieren konnte! Jahrelang verstecke ich meine Hände, und Gerhard Lotus guckt sie sich so genau an, dass ich im Erdboden versinken möchte. »Ich hab das früher auch immer gemacht«, beruhigt er mich. »Echt?« – »Ja,« sagt er. Er hat schöne Hände. »Ich bin so kaputt, was soll ich nur machen? Du hast doch gesagt, du bist Krankenschwester. Ich brauch 'ne Intensivbehandlung.«

Blut schießt mir ins Gesicht. Ich schlage ihm vor, sich einfach hinzulegen und klassische Musik zu hören. Ich komme mir so dumm vor. Was Originelleres ist mir nicht eingefallen. Er steht auf und legt sich mitten in der Kneipe, wo alle sowieso nur wegen ihm sind, auf den Boden. Ich möchte schon wieder sterben. Es soll nicht das letzte Mal sein.

»Was machst du da?«

»Du hast doch gesagt, ich soll mich hinlegen!« Seine

Augen sind glasig, als hätte er Fieber. Die Leute glotzen uns an, beobachten jede Regung von ihm. Er ist das gewohnt. Ich nicht. Unterm Tisch singt er eine willkürliche Tonabfolge »Düdüdüdüdüüü-d-dm-dm-dm …«. Nach einer Weile rappelt er sich wieder auf und setzt sich neben mich: »Weißt du überhaupt, dass du den absoluten Wahnsinn in den Augen hast?« Er sieht mich durchdringend an. Ist schwer auszuhalten, aber ich schaffe es. Denke, er kennt mich besser als ich mich selbst. Das gibt es nicht. Seine Stimme ist brüchig, fast heiser. Mir ist alles egal. Vielleicht hat meine Mutter recht, die mir immer vorgehalten hat, ich wolle hoch hinaus. Mütter wissen viel.

Das Panorama-Hotel ist das beste Hotel Freiburgs. Wenn man auf der Terrasse steht, sieht man über die ganze Stadt und noch weit darüber hinaus. Nachts um drei wird wegen uns noch mal das ganze Heiz- und Lichtsystem im Schwimmbad angeworfen. Wir gehen durch die kahlen Duschräume direkt zum Pool. Da dreht er mich um, streicht mir mit seiner schönen Hand über die Wange und küsst mich. Ohne zu fragen! Es passiert wie von selbst. Und er sagt nicht einmal was dazu. Ich richte mich dabei auf. Nun sind wir fast gleich groß. Er küsst unglaublich gut. Hätte ich nicht gedacht. Dann liegt er nackt im Liegestuhl, und ich soll mich zu ihm zwängen. Es ist ziemlich eng. Aber er ist der Ansicht, wir passen da gut zusammen rein. Er erzählt wie auf Knopfdruck seine Geschichte, wie alles anfing, damals, als Trommler in Gronau, als Kellner.

Die Worte sprudeln nur so aus ihm heraus, und ich weigere mich, ihm alles zu glauben. Aus lauter Angst, ich könnte ihm, wenn ich ihm einmal glauben würde, immer glauben. Ich muss ihn anzweifeln, ihm widersprechen, aus reinem Selbstschutz. Und sofort die Frage in meinem Kopf: Warum erzählt er mir das? Erzählt er das jeder Frau?

Er nimmt mich an die Hand, und wir gehen in Richtung Sauna. Er sagt nichts. Ich auch nicht. Ich weiß, was gleich passieren wird. Und die toupierte Blondine weiß es auch. Sie liegt, in blau-lila Licht getaucht, kaugummikauend auf der Sonnenbank und hat ihren Walkman so laut gestellt, dass ich im Takt der Bassdrum tanzen könnte. Dabei ist mir ganz und gar nicht zum Tanzen zumute. Ich bin lampenfiebrig, mein Mund ist trocken. Was ich jetzt tue, soll nichts zum Leidtun sein. Es soll aufregender sein als alles, was ich bisher erlebt habe. Es kann nichts Schlimmes passieren; Gerhard hält ja die ganze Zeit meine Hand. Wir betreten die hölzerne Räumlichkeit, und er schließt mit einer kraftvollen Bewegung die Tür. Ein dumpfes Geräusch. Plötzlich frage ich mich: Was mach ich hier? Ich bin mit einem fremden Mann zusammen, den ich vor einer Stunde kennengelernt habe … Aber, das ist doch Gerhard Lotus, der mit dem Straßenfieber. Das glaubt mir kein Mensch. Ich kann nicht darüber nachdenken, ob das jetzt ein großer Fehler ist.

Ich könnte noch gehen, aber ich will nicht. Wozu? Wohin?

Schnelles Gehen ist nichts für Gerhard. Wir schlendern den Hotelgang entlang. Unser Weg scheint nie enden zu wollen. Doch dann bleibt er vor einer Tür stehen und steckt den Schlüssel ins Schloss. Ich betrete das Zimmer, das fast nur aus Bett besteht – aus einem französischen – mit weißer, gestärkter Bettwäsche. Er lässt sich mit einem tarzanähnlichen Schrei darauf fallen. Das ganze Kunstwerk aus korrekt übereinandergelegten Decken ist mit einem Mal zerstört. Ich gehe ans Fenster, um frische Luft reinzulassen, aber es lässt sich nicht öffnen. »Hier ist Aircondition«, sagt Gerhard und zeigt auf den Drehknopf neben der Eingangstür. »Ah!« Ich schalte sie nicht ein. Er fragt mich, ob ich mich nicht zu ihm legen wolle. Ja, sehr gern. Im Laufe der Nacht wird mir klar, dass Gerhard eine goldfarbene Zahnbürste besitzt, nicht zwischen Sonntags- und Werktagsklamotten unterscheidet und Musik keine Arbeit für ihn ist. Dass Herumstreunen wichtig ist für die Inspiration. Dass Ideen nie ausgehen und seine Lebensregeln das Gegenteil von meinen bisherigen sind.

Ich bin früh wach, und das Zimmer ist dunkel. Kein Licht fällt herein, weil die wasserstoffblonde Frau, Gabi Blitz heißt sie, die Vorhänge mit Sicherheitsnadeln zusammengeheftet hat. Neben mir liegt Gerhard Lotus. Das ist die Odyssee, und keiner weiß, wohin die Reise geht.

Ich fahre mit nach Ravensburg. Ich sehe die Straßen

und Häuser an mir vorbeiflitzen und mache blau von meinem Krankenschwesterkittel, bleibe unentschuldigt vom Krankenpflegeunterricht weg. Gerhard ist sensibel. Die Musiker dürfen nicht mit mir reden, so sehr beansprucht er mich für sich. Er will also was von mir. Das heißt: Er mag mich wirklich. Einmal querschlagen, endlich! Einmal so sein, wie ich noch nie war. Ich will mit keinem Menschen der Welt tauschen. Ich bin so voll von Star-Sein und Sex und Rock'n'Roll, dass ich ein Stück Papier verlange und während der Fahrt meine Eindrücke darauf kritzele. Irgendwas will aus mir raus. Wahrscheinlich bin ich's selber.

Wenn Gerhard mich einmal nicht beachtet, denke ich sofort: Jetzt hat er die Nase voll von mir. Irgendwann muss er ja rausfinden, dass ich nichts Besonderes bin. Ich rede mir ein: Ich bin nicht verliebt. Er auch nicht. Es ist nur ein gigantisches Abenteuer, und ich fühle jetzt schon den Anfang vom Ende.

Die Konzerthalle in Ravensburg ist brechend voll. Während der Pause beordert mich Shadow in die Garderobe. Vor der Tür stehen mindestens sieben Mädchen. Sie lungern einfach so rum und starren mich an. Die meisten tragen schwarze Minis und Pumps. So was besitze ich gar nicht. Ich bin noch nie auf die Idee gekommen, mir Pumps zu kaufen, geschweige denn, damit auf ein Rock-Konzert zu gehen. Es ist für mich schon sensationell, endlich mal Markenturnschuhe zu tragen. Ich hatte, was Klamotten betrifft, nie das Original. Ich hatte es so satt, immer die billigen Wrangler-Kopien tragen zu müssen, mit den weiten Beinen, als schon längst die hautengen Levi's angesagt waren. Unser Kleidungsvertreter, Herr Petermann, besuchte uns alle paar Monate stets ohne Voranmeldung, klappte in der Küche seinen Warenkoffer auf, pries Schiesser-Unterwäsche und Kittelschürzen an, setzte sich an den Küchentisch und qualmte so lange Zigarre, bis wir völlig eingenebelt waren und Mutter sich genötigt fühlte, etwas zu kaufen. Neuerdings hatte er auch die Wrangler-Jeans im Angebot. Er sprach »Wrangler« immer deutsch aus, wie man's schreibt: »Das ist eine echte amerikanische Wrrrangler Jeanshose«. Allein seine falsche Aussprache zeigte mir, dass es sich nicht um das Original, sondern um eine nachgemachte Jeans handelte. Und die war bestimmt nicht aus Amerika. Aber die bekam ich dann. Weil sie billiger war als die aus der Boutique. Immer waren mir meine Freundinnen einen Schritt voraus. Ich hatte nur eine Kopie. Und so fühlte ich mich auch. Aber jetzt habe ich den Echten: Gerhard Lotus.

Ich lasse die Pumps-Mädchen stehen, als Shadow mir die Garderobentür öffnet. Gerhard hängt wie ein abgekämpfter Boxer im Lehnstuhl, und Fritz Rau, der Konzertveranstalter, redet auf ihn ein. Gerhard macht nur »mh, mh …« und greift nach meiner Hand, sagt den anderen, wie ich heiße. Ich finde es ungewohnt, dass jemand mich jemandem vorstellt und ich anschließend respektvoll angeschaut werde. Die Tour-Ärztin spritzt ihm ein Grippemittel. Er ist ziemlich erkältet. Gabi Blitz lächelt mich an. Ich entspanne mich. Ich darf zu ihm, die anderen nicht.

Nach der Pause stehe ich zwischen Bühne und Publikumsabsperrung. »Denn sie brauchen keinen Führer... nein, sie können's jetzt auch alleine...«. Die Roadies nennen diesen Ort den »Graben«. »...nein, sie brauchen ihn nicht mehr, diese neuen Nazischweine...«. In den Graben kommt man nur mit einem Backstagepass. Das ist der offizielle Schein, der bestätigt, dass ich zur Crew und zur Familie gehöre. Es fühlt sich an, als hielte ich die Eintrittskarte ins Paradies in meinen Händen. Alle Ordner, alle Techniker entpuppen sich als meine Freunde, wenn sie nur den Pass erblicken. Das Paradies hat viele Gesichter: »All Areas«, »Backstage«, »Local Crew«, »Crew«, »Artist«, »VIP«. Ich habe den Pass vom Tourneeleiter bekommen, der aussieht wie... na ja. Ziemlich aufgeschwemmt. Er heuchelt Freundlichkeit, aber ich merke jetzt schon, dass er mich in die »Groupie«-Schublade gesteckt hat. Ich habe keine Zeit, mich um meinen Ruf zu kümmern. Das habe ich jahrelang erfolglos getan. Gerhard ist er ja auch egal. Hauptsache, er lässt mich immer rein.

Das Konzert ist vorbei und die letzte Zugabe in der Halle verschossen. Gerhard ist sachlich und wirkt fertig. Alles an ihm ist schweißnass. Er redet nicht mit mir, und ich frage mich, ob ich was falsch gemacht habe. Immer suche ich die Schuld zuerst bei mir. So war es immer schon. Man verändert sich nicht einfach, wenn man plötzlich einen Popstar kennt. Vielmehr fallen einem Dinge auf, die einen von ihm unterscheiden. »Du musst rausfinden, was du willst, Kleene, nä«, sagte Gerhard in der ersten Nacht. Ich ahne, dass ich noch viel weiter weg bin von dem, was ich wollen könnte, als ich dachte. Die vielen Mädchen um ihn rum fangen an, mich zu stören. Manche davon sehen ehrlich gut aus, und manche kennt er. Er fragt mich, ob ich mit nach München fahren will, da läuft 'ne TV-Show. Gabi Blitz rät mir ab und sagt, da wäre viel Business und Gerhard hätte sowieso keine Zeit. Wieso tut sie mir das an? Ich werde unsicher und komme mir vor wie ein kleines Kind. Eine Stimme aus meiner Vergangenheit leiert den Satz herunter: »Wenn es am schönsten ist, soll man aufhören.« Wer hat diesen beschissenen Satz erfunden? Der ist doch nur eine Bremse, die einen vor Ekstase warnen will. Andererseits könnte man auch maßlos enttäuscht und verletzt werden. Ich entscheide mich zurückzufahren. Aus genau dieser Angst. Gerhard will meine Adresse. »Wir sehn uns ja doch nicht mehr!« Es ist mehr eine Frage als eine Aussage. »Doch, doch«, sagt er, und seine Stimme ist so brüchig, dass ich fast jeden Buchstaben einzeln höre. »Die meisten Mädchen dürfen nicht bei mir übernachten. Und auch nicht mitfahren, nich wahr, Blitz?« Er nennt sie Gabi Blitz, weil sie schnell ist wie der Blitz. Blitz nickt. Wenn Blitz nickt, hat das eine Bedeutung.

Ich finde jemanden, der mich nach Emmendingen fährt. Einen Roadie aus Köln. Gerhard sieht ihn sich genau an und befiehlt ihm, vorsichtig zu fahren. Er kümmert sich um mich! Ich fühle mich wie seine Tochter. Er drückt mir einen schwitzfeuchten Hundertmarkschein in die Hand. Ich weiß, dass Gerhard viel Geld haben muss, aber das gibt mir noch lange nicht das Recht, einfach einen Hunni anzunehmen. Wofür? Ich sage: »Ach nee, ich brauch doch kein Geld …« – »Du hast doch keine Kohle. Oder viel zu wenig, nä?« Da hat er recht. Ich knülle den Schein unordentlich in meine Manteltasche, wie ich es sonst nie tue, und bin ihm wieder etwas näher: Geld gibt man nur guten Freunden, denen man vertraut. Und von denen man weiß, dass man es im Notfall wiederkriegen könnte, wenn man selber knapp ist.

Er ist schon in den Bus gestiegen, sitzt vorn, auf dem Platz, von dem aus er mich vor zwei Tagen in der Menge entdeckte. Ich stehe mit vielen anderen Mädchen vor der Bustür und kämpfe mit den Tränen. Mit Gerhard Lotus verschwindet für mich eine Welt, von der ich bis zum gestrigen Tag glaubte, dass es sie nicht gibt. Eine Welt ohne Verbote, eine Welt, wie ich sie nicht kannte und die ich mir anziehen kann wie ein Kleidungsstück – und schon bin ich mittendrin und ein wenig auch eine andere. Gerhard winkt mich noch einmal in den Bus, und wir küssen uns vor weiblichem Publikum zum Abschied. Ich fühle meinen Kopf in seinen Händen getragen, ich bin ganz leicht, seine Lippen sind zart und meine offen – jederzeit bereit, noch ein bisschen wildes, unzensiertes Leben zu trinken. Ich vergesse, wo ich bin, ich merke nur, dass Leute an uns vorbeiwollen und wir den Weg versperren. Ich höre Satzfetzen wie: »Nein, du siehst doch, dass er gerade beschäftigt ist …« Ein Kichern folgt. Die Leute sollen über mich reden, was immer sie wollen. Er sagt: »Das Leben ist eine Wundertüte« und nennt mich »Maria aus Bahia«. Am liebsten würde ich sagen: Nimm mich mit und mach aus mir was anderes, als ich jetzt bin. Ich erschrecke vor mir selbst. Ich muss aufpassen mit meinen Gedanken und versuche, den schweren Kloß hinunterzuschlucken, der verhindert, dass ich auch nur ein Wort sagen kann. Ich sage nicht mal: Tschüss, Gerhard.

Als der Bandbus vom Parkplatz rollt, muss ich weinen. Das Glitter-Flimmer-Leben geht. Ich warte, bis der Roadie mit dem Abbauen fertig ist und gehe zurück in Gerhards leere Garderobe. Noch lange bleibe ich dort sitzen. Es sieht aus, als hätte eine Bombe eingeschlagen: leere Zigarettenschachteln, volle Aschenbecher, Sektflaschen, halb volle Teller mit Schnitzel und Kartoffelsalat, Orangenschalen, feuchte Handtücher und ein Paar frisch gewaschene Socken, die beim Auseinanderfalten Löcher aufweisen. Gabi Blitz hat sie in den Abfall geworfen. Sie gehörten Gerhard. Ich stecke sie in meine Manteltasche, damit niemand sagen kann, ich hätte mir das alles nur eingebildet.

Bis wir endlich losfahren, ist es vier Uhr morgens. Mir ist schweinekalt und der R 4 die letzte Schrottkiste. Ich halte während der ganzen Fahrt den Zettel mit Gerhards Telefonnummer vom Hotel Intercontinental Berlin in der Hand. Der Roadie fährt wie eine gesengte Sau, und ich bin am Ende. Was ist denn genau los mit Amerika, was ist denn hier Hollywood, und was ist wirklich wahr? Verdammt. Wieso fallen mir nur noch Auszüge aus seinen Liedern ein? Der Roadie ist begeistert von mir und meiner Gerhard-Story. Er nimmt eine Prise Koks und trinkt Cola. Das sei überhaupt das Einzige, das er während der

Tournee zu sich nehme. Ich finde das schick, lass aber die Finger davon. Ich habe im Moment genug Droge in meinem Blut.

Ich wache im Schwesternwohnheim in Emmendingen auf. Wieder gehe ich nicht zum Unterricht. Ich laufe wie hypnotisiert durch die Gänge, normales Funktionieren ist außer Kraft gesetzt. Renne zur Telefonzelle und erzähle die Geschichte meiner Freundin Andrea, die noch in unserem kleinen Heimatort wohnt. Ich erzähle sie, als habe ich als erster Mensch den Mond ohne Sauerstoffmaske betreten. Am anderen Ende ist es still. Das haut mich um. Ich bin verwirrt. »Bist du noch dran?« Findet sie das so unzüchtig? Oder so toll? Oder so abstoßend? Sie sagt: »Ab jetzt kannst du mir erzählen, was du willst. Ich werde nie wieder geschockt sein.« Endlich kann ich beweisen, wie mutig ich bin. Endlich werden alle sehen, was in mir steckt. Nie mehr bei der Auswahl fürs Volleyballspielen übrig bleiben und dadurch in die schlechtere Mannschaft kommen. Überwunden die Schmach, während »Nights in white Satin« vertuschen zu müssen, wie verdammt allein ich war, weil ich einfach keinen abkriegte, während andere knutschend in der Ecke »herumflogen«. Manchmal kriegte ich einen Tipp, wenn ich fragte, wie sie das mit den Jungs machen: »Da trinkst du einfach ein bis zwei Gespritzte« (Apfelwein mit Selter = billigstes Getränk im »Big Island«), »und dann geht das fast von allein.

Du musst einfach frecher sein!« Ich weiß, ich bin nicht frech. Ich habe mich selbst als so brav empfunden, dass ich mich deswegen nicht ausstehen konnte. Aber Gerhard Lotus mag mich. Und er ist ein Star.

Ich weiß nicht, wohin das alles führen soll. Ich kann niemandem zuhören, ich kann nicht mehr essen. Ich will auch nicht mehr. Vielleicht bin ich schon magersüchtig. Gerhard ruft nicht an. Ich bin enttäuscht und nervös. Konzentrationsprobleme auf Station. Darf nicht passieren. Ich besuche Dennis. Früher war ich total in ihn verschossen. Jetzt ist er mir nicht mehr wichtig. Ich lerne das Klauen von ihm. Er bringt es mir nicht bei, er erzählt mir nur davon. Wir sitzen in seinem Bett, nachts um halb vier, und er gabelt sich Tomatenfischfilet in den Mund, das er gerade aus einer Riesenpackung vorm Lebensmittelgroßmarkt geklaut hat. Dabei zerrt er Zeitschriften aus den noch gebündelten Stapeln. Auch die hat er eben vor einem Kiosk mitgenommen. Ich bin Zeugin seines Diebstahls und weiß nicht, ob ich es gut finden soll oder nicht. »Warum machst du das?« – »Weil's Spaß macht.« – »Aber du liest die Zeitschriften doch gar nicht alle.« – »Na und?« Und er küsst mich mit seinem Tomatenfischfiletmund. »Du bist jetzt also das Groupie von Gerhard Lotus!« – »Nein, das ist was ganz anderes.« – »Fickt er gut?« – »Wieso interessiert dich das?« – »Na ja, ich will halt mal wissen, wie so 'n Star fickt.« – »Geht dich nix an.« – »Wie? Langweilig oder was? Ich wette, der bringt's nicht.« – »Quatsch.« Nein, ich werde nicht auf sein provozierendes Gelaber eingehen. Dennis soll niemals wissen, wie viel mir Gerhard bedeutet.

»Klaust du oft?« – »Immer. Du weißt doch, dass ich keine Kohle hab.« – »Ich glaub, ich mach das auch mal.« – »Nee, lass es lieber, du bist zu ehrlich.« – »Du traust es mir also nicht zu?« – »Nee, du bist zu lieb für so was.« Er schläft, noch bevor ich darauf etwas sagen kann. Seit Dennis von Gerhard weiß, bin ich wieder interessant für ihn.

Nach dem Frühdienst setze ich mich in meinen R 4 und fahre in die Stadt. Ich plane eine kriminelle Tat. Das fühlt sich ungeheuer aufregend an. Jetzt bin ich nicht mehr die Krankenschwester von heute Morgen. Ich betrete den Laden und weiß nun, was Dennis meinte, als er darüber redete, dass man dabei ganz cool sein muss. Nervosität wäre jetzt wirklich nicht angebracht. »Nett und cool bleiben«, sagte er. Ich sehe in die Gesichter der Kunden und Verkäuferinnen und suche Anzeichen dafür, dass sie mich schon als Diebin erkannt haben, noch bevor ich zu einer wurde. »Du darfst nie daran denken, dass es schiefgehen könnte …« Ich schlendere schon seit zehn Minuten an den Regalen entlang, meine Augen flackern. Ich bin verzweifelt, spüre den Drang in mir. Den Druck. Ich glaube, ich kann es nicht tun. Aber der Messingkerzenständer, den ich schon immer haben wollte, steht noch

dort. Er wartet auf mich. Und er möchte gestohlen werden. Meine Hände sind feucht und kalt. Ich merke, dass
es kein Zurück gibt, und das ist das Allerschlimmste. Ich
bin gefangen in meinem eigenen Vorhaben. »Kann ich
Ihnen helfen?« Ich zucke nicht mal zusammen – das war
professionell. »Danke, ich sehe mich nur um.« Die Verkäuferin lächelt mich an. Ich lächle sogar zurück. Ist
meine Schultasche offen, so dass ich nur noch … ja. Es
sind nur wenige Kunden im Laden; alle haben mir den
Rücken zugewandt. Die Verkäuferin kniet jetzt auf dem
Boden und beugt sich über einen Karton, aus dem sie
Plastikseifenschalen in Muschelform packt. Jetzt fühle ich
nichts mehr. Höre nichts mehr.

Ich sehe den Messingkerzenständer in meiner Tasche
verschwinden. Er gehört dort hinein. Das war nicht ich,
die das tat. Ich könnte das gar nicht. Um den Triumph
auszukosten, der sich wie ein Feuerwerk in mir entzündet,
bleibe ich noch etwa eine Minute länger im Laden und
gehe dann langsam raus. Ganz ohne Eile. Auf dem Weg
zum Auto bleibe ich kein einziges Mal stehen. Erst am
Parkplatz wage ich einen Blick in meine Tasche. Der Ker-
zenständer ist immer noch drin. Ich habe ihn nicht be-
zahlt. Er hätte 135,– DM gekostet. Blut rauscht mit einem
Schwall Erleichterung durch meinen Körper. Ich fahre
nicht ins Wohnheim zurück, sondern zum Hotel Pano-
rama, dorthin, wo ich mit Gerhard nackt im Pool ge-
schwommen bin. Wer nimmt schon Badesachen zu einem
Konzert mit? Dort muss ich hin, wo ich mich quickleben-
dig gefühlt habe. Auf der Fahrt blicke ich viel zu oft in

den Rückspiegel. Erstens, um rauszukriegen, ob ich bereits von der Polizei verfolgt werde. Und zweitens, um immer wieder in die Augen einer Lebenshungrigen zu sehen. Ich ahne zum ersten Mal den Wahnsinn, den Gerhard in meinen Augen gesehen hat.

Auf der Panorama-Terrasse schaue ich mir Freiburg von oben an. Was nützt mir dieses romantische Puppenstädtchen, wenn der Zirkus des brodelnden Lebens woanders gastiert?

Die Arbeit auf Station wird immer unerträglicher. Heute habe ich Spätdienst, und ich werde mit folgenden Worten im Stationszimmer begrüßt: »Maria, Frau Schneider ist heute Morgen gestorben. Sie ist noch drin, wird nachher in den Keller gebracht, dann können Sie das Zimmer desinfizieren. Der Neuzugang wartet schon, eine Gallen-OP.« Im Krankenzimmer stehen mehrere Schwestern um Frau Schneider herum, der sie ein kleines Sträußchen Anemonen mit Asparagus-Zweiglein in die gefalteten Hände gelegt haben. Die Stationsschwester gibt den Ton an: »Gegrüßet seist du, Maria, voll der Gnade, der Herr ist mit dir …« Das Beten klingt, als wäre es ein Programmpunkt, der noch schnell erledigt werden muss. »… und gebenedeit ist die Frucht deines Leibes, Jesus«, bevor man zu den anderen Punkten übergeht, die auch alle noch erledigt werden müssen. »… bitte für uns Sünder, jetzt und in der Stunde unseres Todes. Amen«, und wenn alle Punkte abgehakt sind, liegt man irgendwann selbst da, und jemand anderes murmelt »Gegrüßet seist du, Maria«. Und so geht das immer weiter.

Hallo, Frau Schneider, du hast es also geschafft. Dein Wunsch ist in Erfüllung gegangen. Ich kann ihren Gesichtsausdruck nicht deuten. Sie sieht aus wie eine Hülle, gänzlich ohne Ausdruck. Als wäre nie etwas gewesen, oder als wollte sie verheimlichen, was gewesen ist. Ich berühre ihre kühle Hand. Jetzt unterscheidet uns das Leben. Sie schieben Frau Schneider hinaus. »Maria, Sie können gleich hierbleiben, das Zimmer muss ...« Die Stationsschwester! Ihre keifende Stimme bohrt sich in meine Ohren. Ich mag sie nicht. Ich sehe ihr förmlich an, dass sie noch Jungfrau ist, aber selbst fürs Kloster wäre sie jetzt schon zu alt. »Ja, ich desinfiziere das Zimmer.« – »Genau. Sie wissen's schon!« Ich höre noch, wie sie hinter meinem Rücken sagt: »Wie kann denn so ein krankes Mädle Krankenschwester werden?« Was bildet sie sich ein! Ist man schon krank, wenn man nicht fett werden will? Ich esse und nehme Abführmittel. Das ist alles. Morgens bringen mich die Bauchschmerzen allerdings fast um. Tagsüber nehme ich Schmerztabletten. Das ist meine innere Stütze, so überstehe ich den Tag. Manchmal gehe ich früher von Station, weil mir so schlecht ist.

Wenn ich von der Arbeit in mein Einzimmerappartement komme, ziehe ich noch in der Tür den weißen Kittel aus, damit ich keine Bakterien ins Zimmer trage. Ich dusche sofort. Ich komme mir nach dem Dienst jedes Mal wie verseucht vor. Mein Appartement hat die gleichen Holztüren und Fenster wie die Krankenzimmer, deshalb wird es für mich nie richtig Feierabend. Alles erinnert mich an die Krankenhausstation. Selbst der Geruch auf dem Gang gleicht dem von drüben.

Meine Mini-Kochnische benutze ich fast nie, weil mir das Kochen viel zu lange dauert. In der Zeit, in der ich eine Mahlzeit zubereite, habe ich parallel dazu schon vier Scheiben Brot verschlungen, oder Schokolade. Dann habe ich sowieso keinen Hunger mehr. Aber wenn ich schon mal gekocht habe, esse ich die ganze Portion. Wegwerfen geht nicht. Macht man einfach nicht. Ich hab ja die Abführpillen. Heute habe ich wieder eine beachtliche Menge an 10er Valium mitgehen lassen. Ich habe schon zirka vierzig Stück. Seit Gerhard Lotus weg ist, spüre ich noch viel mehr, wie gefangen ich bin. So sehr, dass ich keinen Ausweg mehr weiß. Ich bereite mich jetzt schon auf meinen Selbstmord vor. Die Idee war eine logische Folge meiner Gedanken: Ich muss mein Leben ändern, schnell. Weil ich mich über nichts mehr freuen kann und mich niemand mehr in meinem abgeschlossenen Kosmos erreichen kann, außer Gerhard. Und der ruft nicht zurück, obwohl ich ihm Zeiten angegeben habe, in denen ich frei habe und das Telefon auf dem Flur im Wohnheim höre. Ich weiß nicht, wie ich aus diesem Tief herauskommen soll. Ich vermisse ihn so sehr.

Heute habe ich glücklicherweise meinen Dienst tauschen können. In einem anderen Beruf wäre das gar nicht möglich. Das ist ein Stück Freiheit, und Freiheit heißt unterwegs zu sein, zu Zeiten, an denen andere im Büro festgetackert sind. Ich fahre nach Karlsruhe. Gerhard gibt ein Konzert in der Schwarzwaldhalle. Meine Angst, dass ich vielleicht nicht hinter die Bühne komme, ist unbegründet. Die Roadies erkennen mich wieder und lassen mich rein. Ich stehe in der kalten Halle herum. Ich bin nicht allein. Auf dem Bühnenrand sitzt ein Mädchen mit einem weißen Sweatshirt mit lila Sternchen und schwarzem Minirock. Was will die denn hier? Ich versuche, sie nicht zu sehen. Gerhard kommt zum Soundcheck. Ich kann vor lauter Hut sein Gesicht kaum erkennen. Sein Begrüßungskuss streift mich nur, und ich bin enttäuscht. Das war alles? Die mit dem Sternchenpulli bekommt auch einen Kuss. Aber auch an ihr geht er vorbei. Er wirkt angespannt. Beim Mikro-Test auf der Bühne isst er eine Banane – jetzt ist er locker. Ich reiße mich permanent zusammen. In der Konzertpause frage ich: »Du redest wohl nicht mehr mit mir?« – »Wann denn?« Ach so, ja, keine Zeit. Ich kann seine Augen nicht sehen. Wozu trägt er in der Halle eine Sonnenbrille? »Nach der Show in der Garderobe!« Diese Aufforderung gilt nicht nur mir, denn ich sehe fünf Mädchen in die Garderobe rennen. Sternchenpulli ist auch schon drin. Jetzt kann ich nicht mehr hineingehen. Ich will mich nicht hinten anstellen. Ich will ihn nicht teilen. Mein Backstagepass tut seine Wirkung. Jemand von den Organisatoren fragt mich, wo dieser und jener sei und ob man nicht den Fotografen jetzt rausschmeißen sollte. Wenigstens einer, der glaubt, dass ich dazugehöre. Charly Checker, einer aus der Band, fragt mich, ob ich mit nach Saarbrücken komme. Dann gibt es vielleicht dort die Möglichkeit, ihn mal allein zu treffen. Ich weiß nicht, was ich tun soll. Auch nicht genau, was ich will. Schrecklicher Zustand. Der Transvestit, es ist Romy Haag, bemerkt meine Unentschlossenheit und haucht mit französischem Akzent: »Nischt denken – machen!« Ja. Also, ja. Radikale Extremisten. Aber erst muss die Nacht überstanden werden. Ich bete, dass ich bei Gerhard übernachten kann. Der sagt, er weiß es nicht. Ich warte. In der Hotelbar kommt er zu mir und streicht mir über die Wangen. Ich beherrsche mich. Ich lächle. Sein »Ich komm gleich wieder« versickert nach vier Stunden. Es ist morgens halb vier, und er ist nicht wiedergekommen. Da steht einer seiner vielen Berater, Feist, der so aussieht, wie er heißt, und schaut mich aus wässrigen Augen an. Er bietet mir an, in seinem Zimmer zu schlafen. Ich kann nicht ahnen, dass sein Zimmer nur ein schmales Bett hat. Er sagt, er arbeite für den *Express* und wolle eine Geschichte über Gerhards Fans machen. Er kommt mir so unerträglich nahe, dass ich nicht mehr atmen kann. Und dann fragt er mich mit einer Stimme, mit der man einen Welpen anlocken würde, ob ich ihm einen runterhole. Ja, ich habe das richtig verstanden. Ich springe aus dem Bett, flüchte unter die Dusche und verriegele die Tür. Mir ist schlecht. Es ist halb sieben.

Ich laufe durch Karlsruhe und könnte kotzen. In einem Café finde ich Ruhe. Ich frage mich die ganze Zeit, wer wohl jetzt bei Gerhard liegt. Noch ein Appetithemmer.

Die gibt es rezeptfrei in der Apotheke. Ich will nie mehr essen. Nichts zu essen ist, wie von nichts abhängig zu sein. Die Leute verschwenden viel zu viel Zeit darauf, sich Nahrungsmittel unterschiedlichster Art in den Mund zu schieben. Wo ich hingucke, sie essen. Als ob es nichts Wichtigeres auf der Welt gäbe! Ein Mann mit braunem Cordhut und Doppelkinn kämpft mit dem kleinen Plastikgäbelchen, das sie ihm zu seiner Currywurst serviert haben. Zweimal fällt es in die Ketchup-Soße. Er muss mit seinen ebenso wurstigen Fingern hineintauchen, um es wieder herauszuangeln; dann transportiert er sich schwungvoll einen Brocken in den Mund, ohne sich dabei das karierte Hemd zu bekleckern. Es ist morgens halb zehn. Er isst so schnell er kann, scheint in Eile zu sein. Unter seinem Hut bilden sich winzige Schweißtröpfchen. Er leckt sich die Finger und wischt sie anschließend mit der viel zu kleinen Papierserviette ab. Der bekleckerte Pappdeckel auf dem blauen Stehtisch bleibt wie ein kleines, schon halb gekentertes Boot auf dem Meer zurück. Hier aß ein Mensch. Ich wende mich angewidert ab. Ich wette, spätestens in einer halben Stunde stellen sich bei diesem Mann Trägheitsgefühle und Müdigkeit ein. Das kann mir nicht passieren. Ich bin wach, wach, wach! Den ganzen Tag!

Es ist elf Uhr, und ich sitze in der Hotelhalle. Gerhard darf erst ab zwölf gestört werden. Alex, der mit dem Teufelsschwanz, kommt auf mich zu. Er spricht in kurzen, knappen Sätzen, die jedoch alles beinhalten, was er sagen will: »Biste Model? Siehst gut aus. Machstes bloß mit Gerhard?«

Gerhard lacht. Er lacht tatsächlich, als ich ihm erzähle, was ich mit Feist und Axel erlebt habe. Er war die ganze Nacht allein und fragt mich, warum ich nicht zu ihm gekommen sei. Er sei plötzlich so müde geworden. »Du weißt doch, dass sonst niemand bei mir schläft.« – »Nee, eben nicht.« Gerhard grinst mich schief an. Ich bin mit einem Schlag so ruhig, dass ich mich mit der Ärztin über Hautcremes unterhalten kann. Sie sagt, sie nehme nur Nivea. Es sei sowieso überall das Gleiche drin. Ich nehme jetzt auch Nivea. Gerhard liegt nackt auf dem Bett und durchforstet die Zeitungen nach Konzertkritiken.

Alles ist gut. Ich bin die Einzige, die bei ihm ist, kuschele mich neben ihn auf die Bettdecke. Er sagt, er will zum Gig nach Saarbrücken im Bandbus fahren, weil er eine Besprechung mit den Musikern hat. Sonst wäre er gern mit mir im Auto gefahren. Ich fange an, ihm zu glauben. Wenn ich es nicht tue, fühle ich mich einsam. Mein erlerntes Misstrauen hat mich zu lange in Sackgassen geführt. Dass ich ausgerechnet mit einem Popstar Vertrauen üben will, ist eine Mammutaufgabe. Ich will es versuchen.

Jetzt darf ich den Fuß nicht vom Gaspedal meines R 4 nehmen, sonst verliere ich den Bandbus vor mir.

Was ich von Saarbrücken mitkriege, finde ich abgrundtief hässlich: graue, klotzige Gebäude und Verkehrsstaus. Hier sind die Fans so schlimm, dass sie gar nicht aufhören mit ihren Sprechchören. Sie jagen mir einen unangenehmen Schauer über den Rücken. Die Ordner sind streng, und ich muss kämpfen, um überhaupt backstage bleiben zu können. Meine Gerhard-Verlust-Angst kriecht erneut in mir hoch. Da steht ein Mädchen, ungefähr siebzehn Jahre alt. Sie ruft nach Gerhard, und als er sich umdreht, reißt sie sich die Bluse vom Leib und steht barbusig da. Sie hat große Titten, aber Gerhard schaut an ihr vorbei. Ich nicht. Mir ist alles zu viel. Ein Fan bietet mir dreißig Mark dafür, dass ich ihm für fünf Minuten meinen Backstagepass leihe. Nicht für eine Million!

Gerhard ist in der Garderobe und schminkt sich die Wimpern. Das habe ich bei einem Mann noch nie gesehen. Doch, bei Dennis. Dennis malt sich sogar manchmal die Lippen rot an. Wir reden endlich, und ich sage ihm, wie beschissen es mir geht. Er sagt: »Geh doch nach Hamburg. Das Leben ist ein Abenteuer, man lebt nur einmal!« Das stimmt. Ich glaube, er versteht mich. Aber er küsst mich nicht mehr. Mit einem prüfenden Blick auf sein Augen-Make-up im Spiegel sagt er zu Gabi: »Maria ist doch 'ne Süße, oder wie siehst du das?« Als ob er sich bestätigen lassen müsste, dass er die richtige Wahl getroffen hat.« – »Ja.« – »Ganz speziell, ne?« – »Mhm«, meint Gabi und sortiert seine Klamotten weiter. Wie soll ich reagieren? Ich bin kein bisschen sauer auf ihn, auch wenn ich es so gern wäre. Stattdessen bin ich stolz, dass er mich süß und speziell findet. Die Regel, die ich für solche Situationen erfinde, heißt: Gerhard ist eben so. Ich bin bei ihm, nah an Zügellosigkeit und Anarchie, und das ist die höchste Stufe, die erreicht werden kann. Oder gibt es eine Frau, der er näher ist, der er eventuell sogar von seinen Problemen erzählt? »Süße, kannst du mir mal die Schulter massieren? Da, an dem Punkt … nee, weiter unten … mhm … ahhh …« Ich massiere ihn und niemand sonst.

Mein Tank ist leer, und ich muss zurück nach Emmendingen, an die Front, zu meiner Krankenhausschicht. »Kommste nach Ludwigshafen?« – »Ja.«

Mir wird immer klarer, dass es gar nicht mehr so sehr darum geht, dass ich für Gerhard die Frau fürs Leben werden will. Wie fiel mir das mal so treffend ein? Er ist der Ursprung des Wunsches nach Veränderung. Klingt gut. Und tut weh. Ich will einfach wissen, wo ich hingehöre. Wo meine Stärken liegen. Er hat seine Bestimmung gefunden. Zweifellos. Er konzentriert sich auf nichts anderes. Und ich? Habe ich überhaupt für irgendwas Talent? Seit ich sechzehn bin, will ich Schauspielerin werden. Mich fasziniert die Vorstellung, viele andere Personen sein zu können, die alle völlig anders sind als ich. Weil ich nicht wusste, was man machen muss, um an so 'ne Schauspielschule ranzukommen, bin ich Arzthelferin geworden. Heute weiß ich, dass ich eine Spitzenarzthelferin hätte sein können, wenn mich dieses Drängen nach der großen, weiten Welt, der Wunsch nach Verwandlung, nicht gepackt hätte. Ich wollte das enge Korsett um meinen Brustkorb abstreifen, für immer. Das geht am besten in der Schauspielerei. Und man kriegt sogar noch Applaus.

Hinter den Rücken meiner Eltern hatte ich längst begonnen, andere Ziele zu verfolgen als Sicherheit und Überschaubarkeit. Sie, die Hungersnot, Tod und Krieg am eigenen Leib erlebt hatten, meinten es so gut mit mir. Mir war, als verrate ich sie, als treibe ich Sand in ihr gut geschmiertes Alltagsgetriebe. Die formellen Antwortschreiben der Schauspielschulen Essen und Bochum lösten daher zu Hause einen unerträglichen, stummen Krieg aus. Ich hatte keine Möglichkeit, die Post abzufangen, ehe meine Mutter sie in die Hände bekam. Als ich von der Arbeit kam, thronten die Umschläge mit Freistempel der Schauspielschule (der allein machte mir Herzklopfen vor Aufregung) auf dem Küchenschrank.

Wenn mich meine Mutter wenigstens mal angeschrien hätte! Dann hätte ich auch mal schreien können. Wenn wir nur vernünftig hätten reden können. Aber das ging nicht. Wir stritten allein mit vorwurfsvollen Blicken. Ich rebellierte im Stillen. In den Umschlägen befanden sich Einladungen zum Vorsprechen an der Schauspielschule. Ich musste leider absagen – ich war noch keine achtzehn und dann doch brav genug, die Unterschrift meiner Eltern nicht fälschen zu wollen.

Hier im Schwarzwald will ich Schauspielkontakte in der freien Szene knüpfen. Ich gucke sogar im Emmendinger Wochenanzeiger. Aber der gibt nicht viel her. Generell gibt alles hier nicht mehr viel her, nachdem Gerhard grandios in mein Leben geplatzt ist. Ich fahre zu ihm nach Ludwigshafen. Irgendein Bekannter sieht sich das Konzert zum zweiten Mal an, als er erfährt, dass ich Gerhard kenne. Als würde sich durch meine Anwesenheit an der Show etwas ändern. Auf dem Weg in den Catering-Room entdecke ich ihn in der Halle. Er ist begeistert, mich zu sehen, winkt und will unbedingt, dass ich ihn Gerhard vorstelle. Ich bin überfordert, habe genug mit mir zu tun. Ich habe ihn selbst erst zehn Sekunden gesehen, und die Konkurrenz schläft nicht. Alle, die sich Gerhards Dunstkreis einmal genähert haben, bekommen früher oder später eine unerklärliche Suchterkrankung. Auch der Bekannte aus Ludwigshafen. Er will jetzt auf jedes Konzert von ihm.

Ich habe mir den Pass auffällig auf den linken Oberschenkel geklebt, damit auch jeder gleich weiß, dass ich dahingehöre, wo ich bin. Backstage. Ich vergesse sofort die Krankenhausbettbezüge, die nach Krankheit und Körperausdünstungen riechen. Unverkennbar atme ich hier Rock'n'Roll, Ruhm und Freiheit. Nach dem Konzert, das ich mir standesgemäß von seitlich der Bühne, hinter den Boxen stehend, angesehen habe, gibt Gerhard mir das Zeichen zum Abhauen. Ich verlasse die johlende Menge zusammen mit dem, wegen dem der ganze Zirkus hier stattfindet. Alle anderen müssen zurückbleiben, auch der Ludwigshafener; sie haben nur die Erinnerung an ein außergewöhnliches Konzert. Aber selbst die müssen sie sich mühsam aufrechterhalten. Sie können gar nichts dagegen tun, dass der Eindruck verblasst, von Tag zu Tag, weil der Alltag sie wieder einholt. Und schließlich bleibt nichts als die abgerissene Eintrittskarte an der Pinnwand und ein: »Ach ja, bei Gerhard Lotus war ich auch mal.« Aber wie war das genau? Wo blieb die Gänsehaut, die Wut, alles hinschmeißen zu wollen? Die Lust, alles zu tun, was sonst verboten ist? Die Zeitlosigkeit, die Unvernunft? Wo war die Faust, die bei »Radikale Extremisten« im Takt in die Höhe stieß? Meine Faust soll immer geballt sein. Wenn auch bislang bloß in der Tasche meines Schwesternkittels. Ich will immer dabei sein! Ich will nie vergessen, wie sich das anfühlt: ungezähmtes Wildsein.

Das Saallicht holt die Fans auf den Planeten Erde zurück. Ich aber bleibe ein Alien. Das Hotelfoyer ist voller Leute. Wir schleichen an ihnen vorbei. Herzflimmern. Ein Blick zu Gerhard. Drei Worte von ihm: »Was trinkst du?« – »Champagner.« Ich stehe unter einer Dusche, die mich mit Sternenstaub berieselt. Er ist lebensgefährlich gefährlich, weil er so süchtig macht. Mich völlig verzaubert und mich so wunderbar verwirrt. Und mich ganz weich macht. Und fiebrig. »Man muss groß denken,« sagt er, »think big.« Gerhard zieht die Augenbrauen hoch, so dass sich der ganze Hut mitbewegt, sieht mir in die Augen, nimmt mein Kinn in die Hand wie einen jungen Vogel und flüstert: »Du gefällst mir wirklich gut, ganz besonders bist du.« Und drückt seine Lippen auf meine.

Der erste Tag auf Station nach meinen Sternreisen zu Gerhard ist immer der schlimmste. Was interessieren mich die Krankheiten der Leute? Oder dass Schwester

Mechthild ihrer Kollegin zur Hochzeit einen elektrischen Dosenöffner für zwanzig Mark geschenkt hat? Ich übe »think big« im Kleinen. Aber es ist schwer.

Heute wird dem Patienten von Zimmer 53 ein Zentralkatheter gelegt. Sie stopfen den dünnen Schlauch in die Halsschlagader und schieben ihn immer weiter hinein, bis zum Herzen. Kurz davor verheddert er sich an den Gefäßen, und sie ziehen ihn wieder ein bisschen zurück und schieben erneut, bis die Sonde ihren Weg in die Herzkammer gefunden hat. Der Schlauch ist sehr lang und der größte Teil davon schon im Körper des Patienten verschwunden. Ich sehe zu, weil ich was lernen will, und mir wird dabei so schwarz vor Augen, dass ich es nicht mehr auf einen Stuhl schaffe. Ich klappe noch im Krankenzimmer zusammen. Aber früher gehen darf ich nicht.

Im Zimmer von Frau Schneider liegt jetzt die Frau mit der Gallenoperation, kurz: die »Galle« genannt. Sobald ich den Raum betrete, denke ich an Frau Schneider, ihren Händedruck und die leblose Hand, als sie gegangen war. Ich bin mit meinen Gedanken oft bei ihr, so dass ich jedes Mal erschrecke, wenn ich die Tür öffne und sie nicht da ist. Statt ihrer also die Gallenfrau, der ich die Angst vor der OP nehmen soll. Die Beruhigungsspritze hat sie schon, aber das scheint nichts zu nützen. Sie hält sich verkrampft an der Bettdecke fest, schaut mich erwartungsvoll an, bereit, jeden Moment ein Lächeln zu produzieren, als passende Reaktion auf das, was ich sage.

Ich versuche, mich ganz auf sie zu konzentrieren, aber eigentlich denke ich die ganze Zeit an mich, und an die anhaltende Verwirrung, an der ich selbst schuld bin. Groß denken kann ich. Aber nachher auch groß sein, das ist eine andere Nummer. »Die Operation ist ganz leicht, das ist wirklich nicht schlimm.« Ich räume die nass geweinten Tempotaschentücher von ihrem Nachtschränkchen. »Wir haben hier sehr gute Ärzte, Sie können ganz beruhigt sein.« Wie gern hätte ich ihr mein Herz geöffnet und ihr ernsthaft zugehört, statt mich in Floskeln zu ergehen. Ich habe ein schlechtes Gewissen. Dann wird die Tür aufgerissen, und eine Stimme ruft: »… in Zimmer 49 das Bett beziehen!«

Ich rufe Gerhard in Berlin an. Aber entweder ist er nicht da – die Empfangsdame stellt mich zumindest nicht durch –, oder er ist in einer Besprechung. Wie kann ein Mensch nur so viele Besprechungen haben! Ich rufe eine halbe Stunde später noch mal an. Für Ferngespräche muss ich jedes Mal rüber ins Krankenhaus gehen. Vor dem Apparat bildet sich eine lange Schlange. Die Patienten stehen aneinandergereiht, in Bademänteln und Schlafanzügen, und strömen einen süßlichen Bettgeruch aus. Ich kann mich an diesen Krankenhausgeruch nicht gewöhnen. Es ist Wochenende, die Patienten haben Heimweh. Endlich bin ich an der Reihe. Ich wähle Berlin an und bin mir ganz sicher, dass ich ihn jetzt erreiche. Jetzt ist er nicht mehr da. Eben hatte er noch eine Besprechung. Ich könnte ausrasten. Ich kann nicht mal heulen, und das macht mich noch wütender. Ich weiß eigentlich gar nicht, was ich von ihm will! Ja, vielleicht sollte er sagen: Komm nach Berlin, du kannst bei meiner nächsten Show mitmachen. Komm nach Berlin, komm nach Berlin. Ich fantasiere mich aus mir heraus. Ein Appetithemmer, eine Schmerztablette. Getrieben wie ein Straßenköter. Der Appetithemmer nützt nichts. Ich esse trotzdem. Also Abführmittel hinterher. Ich blättere fahrig im *Steppenwolf* herum. Das wäre wenigstens eine intellektuelle Verbindung mit Gerhard. »Das Leben ist ein Abenteuer, du lebst nur einmal. Das Besondere an Steppenwölfen ist, dass sie extrem sind, extrem einsam und extrem voll Power.« Ich bin wie Gerhard. Wir sind Steppenwölfe. Komm nach Berlin.

Es ist ein Uhr nachts, ich bin im »Inside«, meiner Stammdisko in Emmendingen. Es ist auch die einzige Disko, die es hier gibt. Mit Herbert, dem DJ, bin ich befreundet. Er nennt mich immer Barbra, weil er findet, dass ich aussehe wie Barbra Streisand. Deshalb lässt er mich umsonst rein. »Relax« in allen Variationen: in der LP-Fassung, der Single-Version, der Maxi-Single-Version. Es soll sogar ein Video davon geben, aber ich habe keinen blassen Schimmer, wo man das mal sehen könnte. Ich hörte Frankies eindringlichen Ratschlag durch die Boxen dröhnen: »Relax!« Ich will, dass sich mein Leben genauso anfühlt wie dieser Song! Der Sound prügelt mich, zieht mich …

Bei jedem »Relax, don't do it …« ist es, als würde jemand einen Eimer kaltes Wasser über mir ausleeren. Und da ich nun schon nass bin, kann ich ruhig ins Meer springen … Was gibt's schon zu verlieren? Eine nasse Wrangler-Kopie vielleicht. Sonst nichts.

Dennis, Robert und ich fahren nach Berlin! Meine beiden Discofreunde haben sich besonders aufgemotzt: knallrote Lippen, Rouge, schwarz umrandete Augen. Wir werden nicht als Touristen auffallen. Gut. Meinen Eltern habe ich gesagt, dass ich übers Wochenende in ein Haus im Schwarzwald fahre. Auf der Fahrt holen wir Andrea in meinem Dorf ab. Es ist halb fünf Uhr morgens, und sie hätte im Hof auf uns warten sollen. Aber sie steht nicht da. Ich muss an der Haustür klingeln. Der Gedanke, dass meine Mutter mich im Schwarzwald vermutet, ich tatsächlich aber zwei Straßen von ihrem Haus weg bin, macht mir ein mulmiges Gefühl. Ich habe sie angelogen. Andreas Mutter macht im Morgenmantel auf. In diesem Moment kommt Andrea in den Hof hereingestolpert und fängt erst einmal eine Ohrfeige von ihrer Mutter. Andrea war bis jetzt auf einer Fete. Ich fange an, meine Freundin zu verteidigen; ich bin so mutig, dass ich fast einen Krach mit ihrer Mutter anfange. Als Andrea mir in den Rücken fällt, um ihre Mutter zu schützen, halte ich die Klappe. Dann hat sie die Ohrfeige auch verdient. Wir fahren trotzdem los und lassen die Mutter zurück.

Zwölf Stunden Fahrt im R 4 liegen hinter uns. Andrea und ich wissen nicht, wo wir schlafen sollen. Also gehen wir ins Penta-Hotel. Hundertsechzig Mark die Nacht, ohne Frühstück. Cash. Ich bin stolz auf den Luxus. Mein Erspartes muss herhalten. Bei uns wurde immer gespart. Für später. Später ist jetzt. Ich lege mich in die Penta-Hotel-Badewanne und bereite mich in aller Ruhe auf Gerhard vor: Ich bin einfach, wie ich bin. Und wenn das nicht funktioniert, kann ich immer noch schön, klug, locker, cool und amüsant sein. In den hoteleigenen Bademantel eingekuschelt, lege ich mich ins Bett. Hier in Berlin, in unmittelbarer Nähe zu Gerhard, sind wir sicher, meine Komplizin Andrea und ich. Die Jungs haben wir bei ihren Freunden in Kreuzberg abgesetzt. Andrea interviewt mich mindestens noch eine Stunde: »Du, bist du denn nicht aufgeregt, Gerhard zu treffen?« – »Nein.« Das war eine Lüge. »Und was machst du, wenn du ihn nicht triffst?« – »Ich werde ihn treffen, oder ich bring mich um!« – »Nun steigere dich doch nicht so rein! Es könnte doch sein, dass er keine Zeit hat.« – »Er muss Zeit haben.« O Gott, es ist schon wieder alles zu spät. Ich fürchte mich vor meiner eigenen Radikalität. Sie kommt über mich von jetzt auf gleich. Ich bin wieder dem Sog verfallen, absolut fremdbestimmt. Ich unterliege dem permanenten Zwang, mich an ihm zu orientieren, zu messen, von seinen revolutionären Gedankengängen anstecken zu lassen. Oder etwas zu bekommen, was ich nicht bekommen kann, weil es unerreichbar ist. Das Unerreichbare zu wollen ist das naheliegendste Ziel. Das Gegenteil von Stillstand.

Gerhard wohnt im Interconti. Das Gebäude ist so bombastisch, dass ich mich nicht mal traue, durch die Drehtür zu gehen, aus Angst, ich könnte mich darin verfangen und nicht mehr rauskommen. Räume, die mir auch nur kurzfristig das Gefühl eines Vakuums vermitteln, sind mir nicht geheuer. Vor allem, wenn sie aus Glas sind und man mich von außen beobachten kann wie ein Tier im Zoo.

Ich versuche, möglichst routiniert durch die Tür zu gehen, ohne dass mich ein Portier fragen kann, wo ich hinwill. Könnte ja sein, dass Auftauchen ohne Zimmerbuchung hier verboten ist. Andrea wartet draußen, Dennis und Robert stehen jetzt, wo es spannend wird, auch wieder auf der Matte, dürfen aber wegen ihrer bunten Haarsträhnen und ihrer tuntenhaften Aufmachung nicht hinein. Das gefällt mir. Dies ist mein Spiel! Ich darf hinauf in seine Suite. Hier wohnt er also. In einem Hotel. Der Korridor verschluckt jeden Schritt im Teppich. Das Herz klopft mir bis zum Hals. Die Zimmertür ist angelehnt, und ich höre gedämpfte Stimmen. Ich klopfe. Aber die Tür ist so dick, dass es keiner hört. Ich schiebe sie auf. Da sitzt Gerhard, ganz privat, mit einem Mädchen im Arm. Als er mich sieht, lässt er von ihr ab, streckt die Arme nach mir aus, und ich gehe auf ihn zu wie ein artiges Kind. Jedes Mal, wenn ich ihn sehe, kommt mir die Situation so unwirklich vor, dass ich denke, ich träume. Ein Kuss, ein Glas Champagner. Ich werde den männlichen Herrschaften vorgestellt, die um ihn herum sitzen. Alles irgendwelche Konzertmenschen, Veranstalter, Manager, Anwälte. Aber warum ist dieses Mädchen da? Sie heißt Christina. Ich hatte ganz vergessen, wie er spricht. Viele Jungs kopieren ihn. Sein Näseln, sein Knurren. Er hat einen phänomenalen Sprachschatz. Heute Abend will er sich in der Hochschule der Künste ein Konzert von Stefan Waggershausen ansehen. Ich soll auch hinkommen, sagt er. »Wäre doch schön.« Ich bin glücklich.

Er kommt im Taxi mit Fritz Rau und Hermjo Klein. Vom Konzert kriege ich nur wenig mit. Gerhard nimmt mich an der Hand, und wir legen uns in die Schlafnische von Stefan Waggershausens Bandbus, während dieser auf der Bühne singt. »Meinst du, dem Stefan Waggershausen ist das recht?« Gerhard antwortet nicht. Das Wichtigste ist, dass er mich will. Und das tut er. Wenn er mir über die Wange streichelt und einen verdammt lässigen Spruch loswird. Wir sind das Powerteam. Für eine Stunde oder einen Tag. Ich wundere mich, dass er alles versteht. Er kennt meine Sehnsucht, sagt, ich solle doch einmal einen Text für ihn schreiben. Selbst in der Stefan-Waggershausen-Kabine bastelt er an einem Reim herum und fragt, wie ich ihn finde oder ob mir was Besseres einfällt. Aber alles, was er gut findet, gefällt mir auch, und alles, was er schlecht findet, finde ich auch nicht so gut. Ich suche angestrengt nach meinen Standpunkten, um sie endlich vertreten zu können. Plötzlich sind sie gefragt. Manchmal fange ich an zu stottern. Aber das ist Gerhard egal. Er hakt nach, will es ganz genau wissen. Ich fasse Mut.

Das Gefragtwerden lässt mein Gehirn vibrieren. Macht wichtig. Überfordert. Weil ich suchen muss, nach der lang verschollenen eigenen Meinung.

Sein Geruch haftet an mir. Ich möchte mich nie mehr duschen. Er begleitet mich noch ein Stück bis zum Ku'damm, Lus btwandeln nennt er das. Ich trotte neben Gerhard her, der mal hierhin, mal dahin winkt, weil ihn ständig Leute erkennen. Nicht umsonst nennen sie ihn auch den »Rock-Papst«. Dann fängt er an zu reden: »Weißt du, ich habe einige Freundinnen, so richtig dufte Kumpels. Die treff ich dann überall in Deutschland, oder die kommen, um mich zu besuchen. Wir haben viel Spaß, auch 'n bisschen vögeln und so, das finden die alle ganz schön. Und die wissen auch, dass da mit großer Liebe nichts zu machen ist, weißt du?« – »Mhm.« – »Ich will das ja nicht, also, nicht verlieben, ne? Oder ist das schon passiert? Das hat ja keinen Sinn. Ich bin mal hier, mal da, ich bin ja so 'n ganz Verrückter. Hast du ja bestimmt schon mitgekriegt.« – »Ja, ja.« – »Aber dafür ist es mit mir halt ganz besonders exklusiv, anders als mit den anderen Lackaffen, die dann einen auf Eifersucht machen. Bei denen dürfen die Mädels ja keinen anderen angucken. Deshalb verlieb ich mich auch nicht. Ich bin nämlich total eifersüchtig, wenn ich verliebt bin. Das würdest du gar nicht aushalten.« – »Oh, ich glaub schon, dass ich das aushalten würde.« Er winkt wieder nach rechts, und ich bin gerade dabei, einen Deal auszuhandeln: Du liebst mich, und ich gebe dir keinen Grund, eifersüchtig zu werden. »Doch, doch ich würde das aushalten.« Ich verleihe dem

Gesagten Nachdruck. »Meinst du wirklich? Ich bin ja nicht so wie die anderen Heinis. Bei mir ist dann richtig zappenduster, wenn ich eifersüchtig bin. Die darf dann kein Interesse an anderen Jungs haben. Ja, gut, mal so 'n bisschen unterhalten, aber auch nicht zu viel...« Mein Gott, diese mündlich formulierte Kontaktanzeige passt genau auf mich!

Aber er meint, dass ich eh schon liebesgefährdet bin, und fragt, ob es nicht besser wäre, wenn wir uns mal 'ne Zeitlang nicht sehen. »Nein, das find ich nicht gut. Weißt du«, fahre ich in möglichst kühlem Ton fort, »das geht bei mir auch wieder vorbei. Das ist nur vorübergehend, da ist eben alles ziemlich intensiv.« Und dann höre ich mich sagen: »Ich bin ja gar nicht verliebt.« – »Nein, ne? Du bist auch mehr so 'n lockerer Typ, ne?« – »Mhm.« Ich werde rot. Locker vom Hocker in meiner wilden Seele, ja.

Aber wieso hält er mir einen Vortrag darüber, wie bei ihm die Beziehungen funktionieren? Hat er gemerkt, dass die Grenze zum »Gefährdetsein« schon längst überschritten ist und will sich nun durch eine Lüge meinerseits bestätigen lassen, dass er sich getäuscht hat? Ich diene mit allem, solange die Parole heißt: Komm wieder, Süße. Es strengt mich an, Gerhard anzulügen, das »toughe« Mädchen zu spielen.

Er ist schweigsam. Warum sagt er denn nichts? Ist er froh, mich los zu sein? »Bis die Tage!« Ich möchte schreien, was soll das heißen? Was heißt das konkret? Ich kriege einen Kuss. Dann dreht er sich um und geht weg. Ich bin fast sicher, er würde sich nicht mehr mit mir treffen wollen, wenn ich so wäre, wie ich wirklich bin: nämlich schon wieder kurz vorm Abdrehen. Ich denke an meine Schlaftabletten. Am Zoopalast treffe ich Andrea. Sie hat's schwer mit mir. Ich werfe aus Verzweiflung über die plötzlich umgreifende Sinnlosigkeit des Lebens meine Geldbörse mit allem Geld, was ich habe, auf die Straße. Andrea sammelt alles wieder ein. Sie muss denken, ich spinne. Seit Tagen esse ich zum ersten Mal: ein Stück Pizza. Ich muss zugeben, sie schmeckt mir auch. Diesmal übernachte ich mit Andrea bei Dennis und Robert und deren Freunden. Für eine zweite Nacht im Penta-Hotel reicht die Kohle nicht. Dennis will in Löffelchenstellung neben mir einschlafen. Seine Hände spüre ich auf meinem Bauch und seinen warmen Atem in meinem Nacken.

1984 einhalb. Ich stehe im »Inside« in Emmendingen – zumindest mein Körper. Alles, was sonst noch zu mir gehört, ist in Berlin.

Herbert legt extra für mich »Frankie« auf und steckt mir einen Zettel zu, auf dem steht: »Wake up!« Was soll der Quatsch! Ich bin wahrscheinlich wacher als er. Ich zerknülle den Zettel, als er nicht hersieht, und lasse ihn auf den Boden fallen, wo er sofort durch das energische Aufstampfen einer Tänzerin in die Mitte der Tanzfläche fliegt. Da liegt er nun, der wohlgemeinte Rat, in Gesellschaft einer Zigarettenkippe, im Takt der Musik die Farben wechselnd: Blau, Rot, Flash-Light. Ich lehne mich an den Pfosten und beobachte die zuckenden, abgehackten Bewegungen der Tänzer. Sie sehen alle aus, als fühlten sie sich unter dem Schutz des Flash-Lights ermutigt, ausgefallenere Bewegungen zu machen. Ich wünschte, ich könnte mich auch hineinstürzen in das flackernde Neonlicht. »Ey, was ist denn heute mit dir los, Barbra!« Herbert steht neben mir und steckt sich eine Zigarette an. Mir bietet er keine an, das macht er nie. Er steckt die Schachtel unter das T-Shirt auf die rechte Schulter. Da liegt jetzt dieses Zigarettenpäckchen wie ein zusätzlich herangezüchteter Muskelstrang und ruft nach Bestätigung. Herbert lächelt. Ich kann nichts sagen, die Luft ist auf einmal so dick. Und das liegt nicht daran, dass Herbert mir seinen Qualm ins Gesicht bläst. Mein Brustkorb arbeitet hart, das Atmen geht schwer. Ich denke, ich ersticke. Ich lasse ihn stehen und renne aus dem »Inside«. Ich schaffe es gerade noch, mich vorm Ausgang noch einmal umzudrehen, um die Hand zu einem Abschiedsgruß zu heben – das Gleiche tut er –, dann steige ich schluchzend ins Auto und fahre in mein Krankenschwesternzuhause. Das Weinen macht meine Atemnot noch schlimmer. Wahrscheinlich bin ich ziemlich krank und weiß es nicht mal. Gestern habe ich in Freiburg für dreihundert Mark geklaut. Vom Einkaufskorb bis zu T-Shirt und Thermoskanne. Es ist ein gutes Gefühl, wenn anschließend die Spannung nachlässt. Die Beute liegt verstreut in meinem Zimmer, auf meinem Bett rum. Ich räume nichts weg, sondern lege mich darauf und schlafe ein. Erst am nächsten Morgen entdecke ich den Zettel, auf dem steht, dass ich mich bei einer Frauentheatergruppe melden soll. Das wollte ich doch immer: Bühnenluft schnaufen. Ich gehe hin und merke sofort: Das kann es nicht sein. Die drei wollen Frauentheater machen, eine redet von Emanzipieren und überschlägt sich beim Reden. Ist dieses Thema nicht inzwischen unheimlich veraltet? Ich will mich nicht emanzipieren, ich will mich identifizieren. Ich glaube, ich bin eine Antifeministin.

Gerhards Tournee ist lange beendet, und es gibt keine Möglichkeit mehr, ihn zu treffen. Heute ist auf Station wieder eine Frau gestorben. Sie hing nur noch an Kabeln, Infusionen und Perfusoren.

Ich ging in ihr Zimmer, um eine Infusion zu wechseln, da war sie schon tot. Ihr Gesicht war wächsern und glatt. Und im Raum war es ganz still, obwohl noch einige Geräte brummten. »Ich glaube, Frau Hellwig ist tot«, sagte ich leise. Die Stationsschwester rief: »Maria, hol mal Handschuhe, wir machen jetzt die Frau Hellwig fertig!« Will sie wirklich Frau Hellwig fertigmachen oder mich? Ich ziehe die Handschuhe gar nicht erst an, sondern renne von Station. Dabei wollte ich mir Mühe geben. Das ist der falsche Beruf für mich.

Am Abend bin ich auf dem Open Air von Roger Chapman, Level 42 und Kajagoogoo. Backstage. Auf dem Weg zum Klo kommt mir Chapman entgegen. Er trägt einen zerrissenen Overall und fragt: »What's your name? I'm

Roger.« Er holt eine Packung Vivil aus der Tasche und reicht mir eins. Als er weg ist, zum Auftritt, muss ich es gleich wieder ausspucken, es ist mir zu scharf. Aber er hat mir eins angeboten, und das ist das Wichtigste. Der Catering-Room ist verwüstet und der ganze Boden mit Cornflakes übersät. Ich finde ein Käsebrot mit Paprika- und Petersiliendekoration. Ich habe Hunger. Roger Chapman ist ein Powerpaket ohnegleichen. Er verbraucht bei seinem Auftritt zirka acht Tambourins, die er allesamt demoliert und ins Publikum wirft. Es fängt an zu regnen. Er brüllt: »Fuck the rain!!« Und die Stimmung steigt. Nach der Show fragt er mich, ob ich nicht mit nach Luzern mitkommen will. »I can't. I have to work. I am a nurse.« – »We need a nurse on tour«, sagt er, und der Schlagzeuger lacht. Ich nehme ein zerschmettertes Tambourin mit und mische mich für den Rest des Open Air unter die Leute und gebe mich als Mitglied von Level 42 aus. Einer spricht mich an: »Where do you come from?« – »I came with Level 42.« – »Armes Mädchen«, sagt er zu seinem Freund, und ich sehe ihn an, als verstünde ich kein Wort Deutsch.

Ich fahre mal wieder nach Hause. Da hat es sich schon rumgesprochen, dass ich einen Popstar kenne, und mein Ansehen bei gewissen Leuten steigt stündlich. Aber die Krone des Ganzen ist Markus. Seit ich sechzehn war, war ich in ihn verknallt. Hoffnungslos und unglücklich. Gut, er nahm mich morgens mit zum Bahnhof, wenn ich zur Berufsschule musste. Und das zweimal die Woche. Er war für mich der Einzige im Ort, der anders war als die anderen. Er hatte blonde Locken, war begehrt, trug ausgeleierte Levi's und fuhr eine pinkfarbene Ente. Das reichte, damit er sich vom Rest der Bevölkerung total unterschied. Meistens fiel mir während der Fahrt nichts zu reden ein, und auch er war eher wortkarg. Aber wahrscheinlich ist es morgens, um Viertel nach sechs, einfach zu früh zum Reden. Als mir klar wurde, dass ich ganz und gar nicht sein Typ war, weinte ich mich bei einer Freundin aus, die etwas älter war als ich und dementsprechend mehr von Männern verstand. Da sich mein Elend auch auf andere Bereiche ausdehnte, genauer gesagt, auf mein bekitteltes Arztpraxendasein, sagte sie plötzlich etwas, das mich entlarvte und ermutigte, weil sie aussprach, was ich die ganze Zeit über heimlich dachte:

»Warum wirst du nicht Schauspielerin?« Weiß der Teufel, wie sie auf diese Frage kam! Konnte sie Gedanken lesen? Der Traumberufswunsch war geboren, eine Sturzgeburt. Dank meiner unglücklichen Liebe zu Markus.

Heute sitzt er mir in der Kneipe gegenüber und sieht mich anders an als sonst. Er trägt ein knallblaues Jackett und sieht gut aus. Er fährt mich auf seiner Vespa nach Hause und ruft mir während der Fahrt nach hinten, dass er in mich verliebt sei. Waaas? Seit wann? Er hält an, weil ich es nicht glauben kann, und küsst mich. Ich will es mit ihm versuchen. Gerhard muss ich vergessen, viel zu gefährlich für meine schwachen Nerven. Ich habe einen Freund! Ich platze mitten ins Abendessen, bei dem Mutter, Vater und Bruder in der Küche sitzen, und bringe kurzatmig hervor: »Der Markus ist in mich verliebt und will mit mir gehn!« – »So, so«, sagt mein Bruder, grinst und isst seelenruhig sein paniertes Schnitzel weiter. Meine Mutter meint: »Na, na«, und mein Vater schweigt.

Meine Mutter macht einen Ausflug mit dem Frauenkreis. Am Morgen finde ich in der Küche einen Zettel von ihr: »Liebe Maria, im Kühlschrank sind ein paar Bratwürste. Kannst sie dir braten. Die Erdbeeren müssen heut gegessen werden. Im Keller ist Salat. Einen schönen Tag wünscht Dir Mama.«

Gerhard rufe ich vorsichtshalber nicht an. Ich muss diesen Masochismus nicht haben. Ich halte mich mit seinen Songs oben, oder ich schreibe ihm Briefe, die ich nie abschicke. Ich rede mir ein, dass er an mich denkt und keine Sympathisantinnen hat, die er so mag wie mich.

Markus und ich sitzen im Freien und trinken Wein. Die Sonne scheint, und alles ist okay. Er flüstert mir zu: »Ich liebe dich.« Ich sage: »Das kann ich gar nicht glauben.« Daraufhin steht er wortlos auf und geht. Ich hinterher. Bin sicher, er wollte bloß romantisch sein.

Am nächsten Tag will er Schluss machen. Wir wollten doch in Urlaub fahren! Ich kämpfe den ganzen Abend um ihn. Warum kann ich nicht glauben, dass er mich liebt? Ich liebe ihn doch auch! Oder bilde ich es mir bloß ein? Wie muss es sich anfühlen, dass es richtig ist? Ich weiß nicht, was Liebe ist. Ich war schon immer ein Nachzügler. Bei Gerhard fühlt es sich auf jeden Fall anders an. Bigger. Aber das sage ich nicht. Er sagt, er halte das nicht aus. »Was?« – Weiß er nicht genau. »Dass ich so kompliziert bin?« Ich sage, ich auch nicht. Aber ich muss ja auch mit mir klarkommen. Und zusätzlich damit, dass er mich nicht aushält. Irgendwann umarmen wir uns, brauchen trotzdem Abstand. Er geht in eine Kneipe. Ich kurve mit meinem Auto durch alle möglichen Orte und rauche, heule und höre Rod Stewart, bis die Kassette zu leiern anfängt.

Wir fahren dann doch zusammen in Urlaub. Das Drama ist perfekt, als Markus mich bei meinen Eltern abholt. Sie sitzen beim Abendbrot, und mein Vater sagt: »Wo wollt ihr denn schlafen?« – »Im Hotel.« – »Aber getrennte Zimmer!« – »Nee.« – »Mädle, tu uns des net an!« Ich sehe förmlich, wie meinem Vater das Tomatenbrot im Hals stecken bleibt. Ich liebe meine Eltern wirklich, aber sie machen es mir so verdammt schwer.

Wir machen Zwischenhalt in Emmendingen, um meine Klamotten zu holen. Gerhard hat mir eine Postkarte aus Berlin geschrieben! »Hallöchen, Maria, Steppenwolf Gerhard ist jetzt auch auf Reisen. Ende September bin ich zurück. Lass auf jeden Fall in Kontakt bleiben. Wär schön, wenn wir uns im Herbst mal wieder treffen würden, oder? Gerhard.« Ich kann vor Markus nicht verbergen, wie sehr ich mich freue.

Das war's dann wohl. Nun, ich will ja immer was erleben. Jetzt darf ich. Ladenverbot für ein Jahr in allen Filialen von Woolworth. Ich hole drei Bilderrahmen und ein Eau de Toilette für meinen Zimmernachbarn (weil er so viel an meinem Auto repariert hat). Ich sage noch zu mir: Zögere nicht so lange, steck es endlich ein! Ich mach's. Ich überlege, wo ich schnell noch Briefpapier herkriege für den Brief an Gerhard. Da steht er plötzlich vor mir. Ein fetter Mann in Anzug und Krawatte. Er hält mir seinen Detektivausweis unter die Nase. Es ist verrückt, aber ich fühl mich gut. Think big für Diebe. Im Protokoll steht: »…und bat sie in mein Büro.« Das Büro ist gleichzeitig die Kantine der Kassiererinnen. Die Schreibmaschine auf dem kleinen Tisch mit der hässlichen gelben Tischdecke klemmt bei jedem zweiten Buchstaben. Ich muss meine Jeansjacke ausziehen, vielmehr die von Markus. Er untersucht alle Taschen. Mich darf er nicht anfassen.

In meinem Korb die Bilderrahmen, das Eau de Toilette, mein Tagebuch. Das fiese Schwein fingert drin rum: »Jetzt haben Sie ja was, was Sie da reinschreiben können!« Ja, du blöde Sau, hab ich! Personalien und Anschrift werden von der Polizei nachgeprüft. Das dauert ewig. Ich sitze da, die Beine übereinandergeschlagen, und sehe in die Gesichter der Verkäuferinnen. Die eine trinkt Kaffee. Die andere röstet sich Bratkartoffeln. Der ganze Raum stinkt nach Fett. Meine einzige Sorge ist, dass meine Klamotten nachher stinken könnten. Die Bratkartoffelfrau mustert mich von oben bis unten. Ich sehe ihr verhärmtes Gesicht. Ich freue mich auf die Verhandlung. Ein neues Gefühl, eine neue Situation. Werden vielleicht Schulklassen in den Reihen sitzen, die in Sozialkunde gerade das Jugendstrafrecht durchnehmen? Mein Publikum. Kann man mich deswegen ein paar Tage in den Knast sperren? Das fände ich interessant! Recherchen für zukünftige Rollen. Echtes Leben. Ich gehe, ohne was zu sagen, aus dem Kantinen-Büro und sehe genauso aus wie vorher. Keine sichtbare Veränderung. Nur eine Verhandlung am Hals.

Heute Mittag gehe ich zu Frau Bader. Eine ältere Frau, die mich mal beim Spazierengehen angesprochen hat, als ich weinte. Spätpubertät, sagte ich, um einen Witz zu machen. Sie meinte, mit Tränen ginge man nicht auf die Straße, sondern ins Bett. Sie hält nichts von solchen Dingen wie Identitätskrise. Ich glaub, ich hab eine.

Sie hat zwei Kriege erlebt und ist jung geblieben. Vielleicht, weil sie so hart zu sich war? Mit Pellkartoffeln und Quark sitzt sie da, isst aber kaum was. »Die Alten müssen den Jungen helfen.« Sie ist es gewohnt, wenig zu essen. Ich bin neidisch auf sie. »Komm wieder!« Sie hat mich reich beschenkt. Ich meine nicht die Blumen, den Kräutertee, die Pflaumen und den Rohrzucker. All die Sachen hat sie mir in die Tasche gepackt. Ich meine die Ruhe, mit der sie ihr Leben lebt. Da ist nichts von Hektik, nichts, was sie irgendwohin treibt; nichts tut sie, was sie nicht auch will. Noch auf dem Heimweg trage ich dieses Ausruhgefühl in allen Gliedmaßen mit mir. Einen Moment lang freue ich mich aufs Altwerden. Aber ich gehe nicht wieder zu ihr. Die Gefahr ist groß, dass ich vorzeitig zufrieden werde, und dann würde sich nie etwas ändern.

Nach dem Spätdienst fahre ich ins Eisstadion zum Maffay-Konzert. Hermann ist Tonmann, und er lässt mich rein. Ich kenne ihn von Gerhards Auftritten. Jeder Roadie, jeder Ordner ist eine Verbindung zu Gerhard. Maffay hat dieselben Musiker wie er. Aber ohne Gerhard bin ich völlig out of the game. Draußen steht ein Mädchen, dessen Make-up genau am Kinn endet. Ich überlege mir, ob ich es ihr sagen soll, lasse es aber. Sie ist wegen Karsten Keller hier, dem Schlagzeuger. Sie kam aus dem Bandbus. Wohnen tut sie in Mannheim. Ich sehe sofort, was los ist. Karsten will sie nicht mehr. Sie macht sich an mich ran, weil sie bei mir das gleiche Schicksal vermutet. Sie versucht, Gerhards Privatnummer herauszukriegen. Erstens hat er keine, und zweitens sage ich sie nicht. Ich will nicht, dass sie den ganzen Abend als mein Anhängsel rumläuft. Später sehe ich sie wieder neben Karsten stehen, der sie gar nicht beachtet. Sie ist fix und fertig. Es sieht so aus, als würde der Kontrast zwischen ihrem braunen Gesicht und dem weißen Hals immer größer. Sie wirkt geradezu lächerlich, wie sie da steht, als würde ihr die ganze Sache nichts ausmachen. Ich rede mir ein, dass ich in solchen Situationen cooler bin. Ich verachte sie.

Als ich Hermann erzähle, dass ich mich vielleicht umbringen will, sagt er: »Warte damit, bis du vierzig bist.«

Ich weiß, dass ich Gerhard heute erreiche. Ich habe jetzt einen eigenen Telefonanschluss im Zimmer. Ab jetzt wird alles anders. Er muss meine Telefonnummer haben, damit er mich auch erreichen kann. Er ist da, und ich werde verbunden. Ich will ihn bald sehen. Er sagt, das gehe selbstverständlich klar mit dem Besuch. Er fragt mich, wie es mir ginge, und erzählt mir, dass er auch manchmal down sei. Klauen findet er bekloppt. Mich erleichtert es kurzfristig. Ich soll in einer Woche noch mal anrufen, damit wir länger reden können. Von meiner bevorstehenden Verhandlung sage ich nichts.

Vor mir sind zwei junge Typen dran. Der eine sieht wie ein richtiger Verbrecher aus. Er hat Autos geknackt und ist routiniert, was Gerichtsverhandlungen betrifft. »Ich hab geklaut.« Ich sage das, als ob es mein Beruf wäre. Ich komme dran und fühle mich nervös wie vor einer Premiere. Ich muss die ganze Angelegenheit noch mal erzählen: dass ich keine Freunde habe und großes Heimweh nach meiner Familie und dass es eine Verzweiflungstat in einer komplizierten Phase war. Irgendwie stimmt das ja auch alles. Ich weiß manchmal nicht mehr, was wahr ist und was nicht. Das liegt daran, dass ich in meiner jetzigen Welt so schlecht klarkomme und in der zukünftigen noch nicht angekommen bin. Ich komme nicht ins Gefängnis, sondern muss fünf Tage lang im Altenheim in der Küche helfen. Der Jugendrichter ist nett. Vielleicht wollte ich bloß gegen mich selbst rebellieren. Er sagt, dass das keine gute Idee war.

Ich bin nicht die Einzige, die im Altenheim die Strafe abarbeiten muss. Es sind noch vier andere da. Für das Küchenpersonal scheint es ganz normal zu sein, dass hier fünf junge »Gestrauchelte« rumstehen. Die dickste von den Frauen ist die Chefin. Ihre Dauerwelle sitzt so perfekt, als habe sie jedes Haar einzeln angeklebt. Sie ist nett zu mir und lacht. In der Küche geht es zu wie in einer Großfamilie. Hier würde ich nie auf die Idee kommen, auch nur einen Zahnstocher mitgehen zu lassen. Ich schnippele den ganzen Nachmittag Kürbisse klein, in dreimal drei Zentimeter große Quadrate. Während der ganzen Zeit rufe ich mir meine Begegnungen mit Gerhard ins Gedächtnis zurück. Jede Szene spiele ich noch mal durch, mein zweites Leben quasi, das ich gern an erster Stelle hätte. Ich baue die Dialoge aus, halte in meinem Kopf Reden, bei denen jedes Wort sitzt, und er hört geduldig zu, guckt ungläubig vor Erstaunen: »Jaaaa? Ja, stimmt.« Nicht wie sonst, wo er schon mal sagt: »Nich so ausführlich bitte, nä?«

Morgens Frühdienst, mittags Altenheim. Es geht alles ganz gut. Heute muss ich Gerhard erreichen, weil ich nach Berlin fahren will. Aber Gerhard ist nicht da. Er ist schon wieder mal nicht da. Warum ist er nicht da? Wo ist er? Ich versuche es noch mit »Wann kommt er denn wieder?« Aber das weiß keiner. – Was ist das? Ich kriege Herzrhythmusstörungen, ja. Der Schlag setzt aus und holpert beim nächsten Blutpumpen doppelt hinterher. Kriege ich jetzt einen Herzinfarkt? In meinen jungen Jahren? Was ist das, dass auf ein »Herr Lotus ist leider nicht da« von der Rezeptionistin vom Interconti ein Horrortrip folgt? Mit den Füßen voran geht es – zack! – ins Loch der Hölle. Ganz klar. Das ist der Entzug. Ich bin auf Turkey. Gestern war alles noch okay. Ich spule die Kassette von Fleetwood Mac zur Stelle, wo es heißt: »You can go your own way …« Drehe die Musik ganz laut, damit niemand mein Schreien hört. Das muss alles raus, der ganze beschissene Horror. In meiner Not gehe ich zu meiner Küchenzeile, hole zwei Teller raus und zerschlage sie an der Wand. Das habe ich noch nie gemacht, das gibt es sonst nur in Filmen. Jetzt ist die Wand lädiert. Das könnte man mit Spachtel wieder reparieren. Mich aber nicht.

Dann greife ich nach meiner 10er Valium-Sammlung und einer Flasche Orangensaft und heize nach Freiburg. Im Rhythmus meines polternden Horrorherzens. Ich muss mit irgendjemandem reden. Es kann doch nicht sein, dass ich niemanden habe? Mir fällt nur meine Psychologielehrerin ein, die Frau Berger. Die muss doch was von meinen Zuständen verstehen! Ist es Panik? Echter Wahnsinn? Wenn sie nicht da ist, bring ich mich um. Ganz klar. Das ist eine klare Entscheidung, die klarste seit Langem. Sofort geht es mir besser. Entscheidungen fällen ist eine gute Sache. Wieso fällt mir das sonst so verdammt schwer? Ich nehme zwei Valium und frage Passanten, ob sie mir zwanzig Pfennig zum Telefonieren geben können. Da ich die ganze Zeit heule, lassen sie mich stehen und sehen mich an, als sei ich aus dem Irrenhaus ausgebrochen. Ich wäre froh, könnte ich dort sein. Wieder kommt eine Frau an mir vorbei. Wenn sie mir kein Kleingeld gibt, bring ich mich um. Bumm – schon wieder bin ich erleichtert. Es gibt einen Ausweg: Entscheidungen. Sie hat welches. Ich renne in die nächste Telefonzelle, wähle die Nummer der Psychologin. Wenn sie nicht da ist, bring ich mich um. Ich lasse es zehnmal klingeln, zwanzigmal. Sie ist nicht da. Ich nehme noch zwei Valium und fahre zurück nach Emmendingen. Aber wohin dort? In meinem Wohnheim warten bloß Tellerscherben auf Schippe und Mülleimer. Vielleicht will ich mich auch zu Tode weinen. Auf dem Platz, den ich mir zum Sterben ausgesucht habe, ist ein Rummel. Der ganze Parkplatz ist voll mit Schießbuden, Autoscooter und Zuckerwatteständen. Ich drehe durch, weil ich keinen Platz zum Sterben finde und fahre wütend zum Wohnheim. Im Aufzug drücke ich die 3, ich lehne mich an die Wand und bin schon so schwach, dass ich mich kaum noch oben halten kann. Ich spüre meine Beine nicht mehr, gehe wie auf Wolken zu meiner Tür. Ich kann das Schlüsselloch nicht finden. Mein Zimmernachbar kommt den Gang entlang und fragt mich, was los sei. In diesem Moment kriege ich die Tür auf. Ich falle in die Wohnung, die Pulmolldose mit den Tabletten fällt runter, mein gesamter »Ausweg« kreuz und quer über den Boden. Mein Nachbar hilft mir aufs Bett, sammelt die Tabletten ein, geht ins Bald, spült. Ich bleibe liegen, wo ich bin. Die neueste, grausamste Erkenntnis macht sich in meinem Kopf breit: Ich kann mich nicht mal umbringen! Es ist, als wäre ich zum Leben verdammt! Wer nicht sterben will, muss leben. Der Nachbar will mir pragmatisch das Volksfest schmackhaft machen. Ein bisschen Ablenkung vom Krankenhausstress würde mir guttun. Dann schlafe ich lange.

Nach dem Aufwachen kommt es mir so vor, als hätten die Tabletten Teile meines Gehirns lahmgelegt. Die Tellerscherben warten auf Entsorgung, ich finde noch zwei Valium auf dem Boden. Das Badezimmer putzen ist die größte Leistung für mich. Aber ich mach es, um was zu tun. Wird das noch mal besser? Ich fürchte mich, raus auf die Straße zu gehen. Da fehlen die Wände um mich rum. Ich traue mich nicht mehr, Auto zu fahren. Könnte von der Fahrbahn abkommen. Ich kann mit niemandem reden, weil ich weiß, dass ich dann stottere. Ich kann nur unter Mühen einkaufen gehen. Woher soll ich wissen, was ich essen will? Woher soll ich plötzlich wissen, was gut für mich ist? Ich verstecke mich unter der Bettdecke. Besser wird es dort nicht. Auch nicht nach ein paar Tagen. Arbeiten auf Station lenkt mich tatsächlich ab. Am Nachmittag ist es am schlimmsten, so ab 3. Da kommt die Sinnlosigkeit über mich. Ich weiß nicht mehr, was ich noch schön finden könnte. Oder wie ich den Tag bis abends rumkriegen soll. Wehleidig und erbarmungslos drängt er sich mir auf. Ich glaube nicht, dass ich das jemals ändern kann. Ich liege im Bett. Ich habe Angst vor der Nacht. Vor mir und meiner räudigen Zukunft. Ich will weg sein, bevor alles über mir zusammenbricht. Der Gedanke, dass es noch eine lange Zukunft gibt, wenn man es nicht geschafft hat, sich um die Ecke zu bringen, lässt mich einen Termin bei einem Arzt machen. Der schreibt mich eine Woche krank, sagt, dass es mir nicht gutgeht, sagt, dass ich das ernst nehmen soll und schickt mich zu einer Psychoanalytikerin. Die Frau Dr. Daschner ist streng und alt, und nachdem ich ihr erzählt habe, was los ist, meint sie, ich wolle mich nur im Licht einer Berühmtheit sonnen. Geht's noch? Hat sie ihre Legitimation beim Otto-Versand bestellt? Vielleicht ist das eine Provokationstherapie. »Es geht hier um alles«, sage ich, »um das ganze Leben. Ich weiß nicht, wie es weitergeht.« Sie notiert sich das Gesagte und schaut dann hoch. »Sie müssen regelmäßig kommen, dreimal die Woche. Das müssen Sie mir versprechen.« Ich sage, okay.

Null ... drei ... null ... Mein Zeigefinger hat die Nummer vom Hotel Interconti in Berlin nicht vergessen. Auch nach sechs Wochen nicht. So lange habe ich gebraucht, um meine Einzelteile und die meiner Psyche wieder zusammenzusetzen. Ich bin standfest. Clean. Ich könnte es sogar gut wegstecken, wenn er wieder nicht da wäre. Vorsichtshalber setze ich mich doch in meinen ockergelben Sessel. Hässlich, das Teil.

»Ja? Meine Süße, alles fit, alles klaaa?« – »Ja, mein Süßer, alles klar.« Ich fahre zu ihm nach Berlin. Am Telefon sagt er noch, ich solle das bloß nicht mehr machen, das mit den Tabletten. Ich soll ihn anrufen, bevor ich Scheiße baue. »Das hab ich getan, aber du warst nicht da.« Er sagt, dass es wieder besser würde, so sei es doch immer. »Fix und foxi und hinab in die seelische Verwahrlosung.« Um sich dann noch stärker emporzuschwingen. »Du kennst das alles«, sage ich. – »Klar«, sagt er, »das is einfach so bei radikalen Extremisten.«

Zur Analytikerin gehe ich nicht mehr. Sie will mich in das Loch zurückstopfen, aus dem ich herauswill. Ich traue ihr nicht. Ich realisiere, dass ich selbst die Verantwortung für mich trage, nur ich. Ich fahre zum Interconti und gehe diesmal durch die Drehtür. Ich kenne mich aus. Ich warte. Die James-Last-Klänge, die leise, aber eindringlich durch unsichtbare Boxen tönen, bewirken bei mir genau das Gegenteil von dem, was sie sollen: Ich werde immer nervöser. Und zwischendurch das »Kling!«, wenn ein Aufzug kommt. Jedes Mal zucke ich zusammen, weil es mich an den Zimmeralarm im Krankenhaus erinnert.

»Kling!« – Da ist er! Allein! Mein Freund und Geliebter. Selbst wenn ihn niemand begleitet, ist es, als würde eine ganze Prozession in Gang gesetzt, sobald er einen Fuß vor den anderen schiebt. So kommt Gerhard auf mich zu, und seine Wallfahrt endet mit einer Himmelfahrt meinerseits. »Mariä Himmelfahrt.« Ob meine christlichen Assoziationen wohl aufhören würden, wenn ich aus der Kirche austräte?

»Hallo Kleene!« Ich hab es geschafft. Gerhard sagt, er habe nur 'ne halbe Stunde Zeit, er müsse nach München fliegen. Ich kriege Panik! Was muss ich alles in diese halbe Stunde packen! Auf der Fahrt nach oben sagt er, dass er jetzt gern im Fahrstuhl mit mir »abheben« würde. Er legt seine Arme um meine Hüften. Ich lache verlegen und sage: »Ja ja, ich auch.« – »Aber wir haben keine Zeit«, meint er, und ich nicke. Ich will doch nur reden. Der ganze Fahrstuhl riecht nach Gerhard. Christina sitzt auf dem Gästebett und weint. »Du kennst doch Maria!« – »Nein«, lügt sie. Sie hat mich genauso wenig vergessen wie ich sie. »Komm, ich zeig dir mal was.« Er führt mich ins angrenzende Schlafzimmer und zündet eine Kerze an einem zwölfarmigen Messingleuchter an. Der Raum spiegelt von allen Seiten die eine Flamme. Alle Wände sind verspiegelt. Antikspiegel. Die Flamme in der Flamme in der Flamme. Wir schauen uns nur dieses Schauspiel an, minutenlang. Mehr brauchen wir nicht. Es ist mehr als Reden. Dann löscht er das Kerzenlicht wieder und sieht dabei aus wie ein kleiner Junge, der erfolgreich ein Zauberkunststück vorgeführt hat. Ich liebe ihn. Ich merke, dass er mit seinen Gedanken schon weit weg ist. Wie es mir geht? Er meint: »Das ist eben bei den Schizos so, einmal der absolute Größenwahnsinn und dann die Angst vor dem Versagen und das Erkennen vom Nichts-Sein.« Ja. »Und wie geht es dir, Gerhard?« – »Alles easy. Manchmal genauso.« Ich bin ein Steppenwolf und werde es auch bleiben.

Er ersetzt die Kappe durch den Hut: »Now, I begleit you noch to the door.« Draußen ist Nebel, und Gerhard weiß nicht, ob er fliegen kann. Ich wünsche mir, der Nebel würde ganz Berlin erfassen, so dass man die Hand vor den Augen nicht mehr sehen kann. Er gibt mir die Nummer vom Hilton-Hotel in München, falls ich später noch ein paar Ausgehtipps für Berlin von ihm brauche.

Dann sehe ich Gerhard mit dem *Express*-Journalisten, dem geilen Sack, zum Ausgang schlendern. Wo kam der denn plötzlich her? Christina dahinter ganz in Schwarz. Die Männer steigen ins Taxi und Christina in den Bus in Richtung Tempelhof.

Ich gebe ein Telegramm nach München auf: »Ich hab dich lieb.« Zurück in Emmendingen schicke ich einen Brief hinterher. Zwei Tage später finde ich in meinem Briefkasten eine Postkarte von ihm: »Hallöchen, Maria, ruf mal an. If I shouldn't be here, leave number, so that I can call you back. Bis bald, bleib El stabilo, Gerhard.« Ich mag seine geschwungene Handschrift. Ich rufe an. Er ist nicht da und ruft auch nicht zurück. Wochen später ruft er an: »War kurz in Amiland, rumstreunen, was managen.«

Manchmal stehe ich während der Konzerte am Tonpult bei Jan. Er hatte mir in Ravensburg aus der Hand gelesen. Er kam auf mich zu und sagte mit einer abfälligen Kopfbewegung zu Gerhard: »Du und der Meister?« Er redet immer in Stichworten. Er sagte, ich sei viel zu schade für Gerhard. Was weiß denn der! Wenn ein Kerl eine Frau anmacht, so nennt er das »den Klappspaten auspacken«. Und dazu gibt es dann die passende Baggerbewegung. Die Mädchen, die im Bus mitreisen, heißen »Fußpilz«, wegen ihrer Anhänglichkeit, oder »Wimperntierchen«.

Jan ist eigentlich kein richtiger Roadie. Zumindest ist er einer, den ich erst mal nicht als solchen erkennen würde. Ein »typischer« Roadie hat mittellange bis lange Haare, ausgewaschene, enge Jeans, Arbeitshandschuhe an den Händen und einen Gesichtsausdruck, der sagt: »Geh mal weg hier, Süße, ich sorge schließlich dafür, dass du deinen Popstar überhaupt zu Gesicht bekommst.« Sein deutlichstes Kennzeichen ist der Tourpass, den er an einer Kordel um den Hals trägt. Alles andere sind »nur« Stagehands, die sich in der jeweiligen Stadt ein paar Kröten dazuverdienen wollen.

Jan sieht die Mädchen an und weiß, was ihnen fehlt: eine tröstende Umarmung. Bei mir macht er den Desillusionator. Er kommt her, stoppt direkt vor mir, schaut mir in die Augen und sagt mit Grabesstimme: »Vergiss ihn, Maria aus Bahia!« Ich lache. Fühle mich in meinem schlimmsten Gedanken ertappt. Sicher hat er recht. Aber wie soll das gehen? Gerhard ist mein Freund! Mein Verbündeter! Ich wechsele meinen Warteplatz von einer Box auf die andere.

Jan erzählt, dass sich einige den »Trösterjob« von den Mädchen honorieren: mit einer Nacht im Hotel – weil der Künstler selbst nicht zu haben ist – oder zumindest einer ausgiebigen Knutscherei im Nightliner. Der Nightliner ist während einer Tour das Zuhause für die meisten der Roadies. Der Bus hat für jeden ein Bett, ein ganz schmales. Es gibt Dusche und WC und Küche und natürlich Monitore im vorderen und hinteren Teil, auf denen Actionfilme oder Pornos laufen. Oder auch mal eine Tier-Doku.

Viele nette Jungs sind dabei, die beim Tourleiter ein gutes Wort einlegen können, um wenigstens einen Guestpass für frisch eingetroffene verzweifelte Fans zu organisieren. Aber manche sind Arschlöcher, die es brauchen, die Mädels brutal am Oberarm aus dem Graben zu zerren, weil sie keinen passenden Ausweis vorzuzeigen haben. Die warten nur mit verschränkten Armen vor der Bühne darauf, dass irgendwer rebellisch wird und hinaufwill, um Gerhard anzufassen, um zu testen, wie sich der Popstar anfühlt, oder ob er echten Schweiß schwitzt.

Jan ist dabei, wenn Stadt für Stadt die riesigen Scheinwerfer, die künstlichen Sonnen des Stars, auf endlos langen Metallgerüsten aufgebaut, Leinwände montiert und Meter für Meter Kabel in penibler Anordnung verlegt und am Bühnenrand mit breitem Klebeband befestigt werden. Kein Künstler soll stolpern! Zwischendurch ein Wimpernklimpern mit einem »Wimperntierchen« oder ein Zug von einem Joint, bevor der »Papst« zum Soundcheck die heiligen Bretter betritt – wenn er überhaupt auftaucht und nicht den exzellenten Ton von einem auserwählten Gesandten, der rumläuft wie seine eigene Kopie, ausloten lässt. Das kommt öfter vor, und ich stimme mich schon immer darauf ein, damit ich nicht die Fassung verliere. Rede mit Jan über das Equipment, befehle ich mir. Und der erzählt mir dann, in welcher Stadt Gerhard einen Schweine-Sound oder einen geilen Sound hatte. Jan hat eine feste Beziehung in Hannover, aber »es« ist sehr schwierig, sagt er immer wieder. Und: »Sie ist unheimlich kompliziert!«

Jan wird mein Freund, weil er mir bei jedem Konzert seinen Tourpass gibt; der ist besser als der Backstagepass. Nun bin ich zu hundert Prozent Teil des Rock'n'Roll. Er holt mir Nutellabrot und Sekt aus dem Catering-Room. Ohne Alk kann ich kein Konzert überstehen. Ich brauche einen gewissen Pegel, um auf alles vorbereitet zu sein. Jan behauptet, Gerhard sei eifersüchtig, weil ich bei ihm stünde. Tatsächlich guckt er ständig rüber. In der Pause kann ich deshalb nicht lange bei Jan sein. »Geh doch zu deinem Herrn und Gebieter!« Das tu ich. Gerhard legt sofort den Arm um mich, zieht mich weg und wirft Jan gefährliche Blicke zu. Für einen Moment war es wirklich zappenduster bei Gerhard. Ich muss höllisch aufpassen.

Zwei Wochen später kommt es mit Jan zu einem Desaster. Jan ist mit Jennifer Rush auf Tour und will mich anschließend in meinem Krankenpflegewohnheim in Emmendingen besuchen. Ich kann aber keinen Besuch empfangen, kann niemanden reinlassen. Mein Zimmer ist mein Allerheiligstes. Hier ist der einzige Ort, an dem die wahren Schrecklichkeiten immer auf dem Tisch liegen und jederzeit sichtbar sind: dass ich einen Popstar liebe und zusätzlich mein Leben nicht so richtig auf die Reihe kriege. Ich schaffe es nicht mal, Jan abzusagen. Morgens halb fünf klingelt er Sturm, in regelmäßigen Intervallen. Halb fünf! Ich mach einfach nicht auf. Er klingelt weiter. Ich kriege Schweißausbrüche unter meiner Bettdecke, mein Herz rast. Ich möchte am liebsten aus dem Fenster springen – nicht, um mich umzubringen, sondern nur damit ich nicht da bin, keinen sehen und nichts sagen muss. Schon gar keine frühmorgendlichen Gespräche darüber, wie ungut mir Gerhard tut. Ich schwitze so sehr, dass sich auf meinem Rücken eine Schweißrinne gebildet hat. Ich darf mich nicht bewegen, er könnte ahnen, dass ich da bin.

Das Klingeln verstummt. Eine halbe Stunde später geht es wieder los. Um acht Uhr überwinde ich mich, mache auf und tu so, als hätte ich die ganze Nacht in

Freiburg durchgemacht und sei eben erst nach Hause gekommen. Ich dirigiere ihn schnell in die Krankenhauskantine zum Frühstücken.

Der erste Schultag nach sechs Wochen Praxis auf Station ist einfach ätzend. Eine von uns muss sich in das Bett legen, das im Unterrichtsraum steht, und die anderen üben an der Kandidatin, wie man eine Kranke wäscht. Und das alles fingiert, ohne Wasser, ein bisschen wie Doktorspielen im Kindergarten. Heike ist Sannyasin geworden und heißt jetzt Ma Prem Sugita. Sie läuft nur noch in Rot rum und ist glücklich. Sie gehört jetzt zu Bhagwan. Der hat sie aufgenommen, ihr den Namen gegeben. Sie sagt, sie weiß jetzt, was Liebe ist und was wir die ganze Zeit draus machen und dass das totale Scheiße ist und reine Verarsche, vor allem von der Kirche. Sie sagt, dass Liebe überall ist, und erklärt mir, was »Mindfuck« ist. Und wie sehr wir mit unserem Mindfuck identifiziert sind. Dann erklärt sie noch das Wort »identifizieren«. Sie sagt in ihrem Freiburger Dialekt: »Des isch genau des, was ich gsuucht hab.« Ich habe auch einen Namen: »Maria aus Bahia.« Oder »Kleene«, »Süße« und »Marieeechen«. Ich beneide sie um ihren Platz in einer Gemeinschaft, wo sich alle Probleme auflösen, und werfe die nächste Schmerztablette ein. Ich kann beim besten Willen nicht noch ein Projekt starten, hab auch Schiss vor dem bärtigen Mann aus Indien. Vorerst muss der Versuch reichen, einfach zufrieden zu sein. Mit oder ohne Mindfuck.

Auf dem Heimweg regnet es in Strömen. Ich renne am Briefkasten vorbei, weil ich schon nass genug bin. Den Aufzug muss ich gar nicht erst holen, die Tür steht schon offen. Ich bin tatsächlich gut gelaunt. Der Regen verwässert alle schlechten Gedanken der letzten Tage. Es gibt nur noch den Regen und mich. Der wäscht den gesammelten »Mindfuck« weg. Der Briefkasten draußen vor der Tür ruft mich doch noch einmal zurück. Ich kriege fast einen Schock, als ich ihn aufmache. Eine Karte von Gerhard. Er will, dass ich nach München komme. Die Regentropfen bahnen sich kitzelnd einen Weg durch meine Haare. Ich muss mit der Karte sofort ins Trockene, weil ich Angst habe, dass die Schrift verwischen könnte. »Hallo Maria, ich bin ab 26. Nov. bis ca. 6 Dez. in München. Hilton Hotel und Arco-Studio. Würd dich gerne sehen. Lass in Kontakt bleiben. Somehow – I love you. G.« Ich bin so froh, dass ich den ganzen Tag nichts mehr essen muss. Demnächst werde ich Ma Prem Sugita fragen, ob es auch positiven Mindfuck gibt.

Ich kann Gerhard in München nicht erreichen, das heißt, er ist dort gar nicht eingetroffen. Im Arco-Studio sagen sie mir: »Hier ist er nicht.« Gerhard ist nirgends. Ablenkung muss her. Das Beste ist nun, in Freiburg schwimmen zu gehen. Aber ich kann das Hallenbad nicht finden, obwohl ich mir den Weg dorthin hab erklären lassen. Ich sage mir: »Okay, dann bring ich mich halt um.« Geht das schon wieder los! Ich merke, ich werde es diesmal auch nicht tun, auch wenn der Parkplatz in Emmendingen jetzt frei wäre. Stattdessen fahre ich zum zweiten Mal mit meinem Auto nach Hannover zu Jan. El stabilo bin ich nicht.

Ich erwische Gerhard in Hamburg im Studio. Er hat keine Zeit, will zurückrufen. Ich sitze die halbe Nacht vorm Telefon. Nur ungern lasse ich den Apparat von seiner Mitbewohnerin benutzen. Ich rede mir ein, er hat es nicht vergessen, er denkt an mich. Am nächsten Abend ruft er an: »Ja, ich weiß, ich bin ein Schuft. Ich hab's vergessen. Mir geht es zurzeit auch nicht so gut. Du musst selbst sehen, wie du da rauskommst. Informier dich, lies Bücher, jeden Tag 'ne Seite … Bei mir passieren Dinge, von denen du nichts weißt. Es ist vielleicht ganz gut, wenn wir uns nicht sehen, wenn du so liebesgefährdet bist. Wir treffen uns eh bald …«

Er sagt, ich müsse lernen, allein klarzukommen, um meinen Weg zu finden. Erst dann soll ich mich in den »Bodensee stürzen«. Ja, ja, ja, ich weiß! Was soll ich denn tun? Die Dinge, von denen ich nichts weiß, erzählt er mir einfach nicht. Er enthält mir seine Krisen vor, will nur Halligalli mit mir und »hoch die Tassen«, will mysteriös bleiben, Edelmann. Er sagt auch, ich sei sensibel, seine Prinzessin, ich würde einiges gar nicht aushalten. Ich glaube, er findet mich zu schwach, um sich mir ganz anzuvertrauen. Ich muss stark werden. Stärker als er. Das Gefälle muss andersrum. Dann kann er gar nicht ohne mich.

An Weihnachten bin ich bei meinen Eltern. Wie jedes Jahr. Ich hoffe darauf, etwas von dem Nestgefühl mitzukriegen, das ich als kleines Kind hatte. Damals saß ich mit Lammfell gefütterten Hausschuhen am Küchentisch und reichte als Mutters Assistentin die Zutaten fürs Kuchenbacken an. Vater legte noch einen Scheit Holz nach, sagte, dass es heute Nacht draußen glatt wird. Aber diese Zeiten sind viele Jahre schon vorbei.

Andrea und ich wärmen unsere abenteuerliche Berlin-Fahrt noch einmal auf und hängen von morgens bis abends zusammen. Die Sätze beginnen mit »Weißt du noch, wie, und dann hast du, und dann hat er.«

Die entferntesten Bekannten tun so, als seien sie meine besten Freunde: »Na, was macht denn Gerhard?« – »Der ist im Studio, hab ihn letzte Woche gesehen. Wir haben zusammen an einem Song rumgebastelt.« Wenn ich weiß, dass die Wahrheit sie nicht befriedigen könnte, erfinde ich was Spektakuläres für sie. Dass wir zusammen auf dem Fernsehturm waren oder er neulich einen Champagner-brunnen im Zimmer hatte. Das kommt immer gut an. Inzwischen bin ich schon so gut im Gerhard-Storys-Ausdenken, dass ich die Geschichten beinahe selbst glaube.

In der Christmette an Heiligabend kommt mir der ganze katholische, kleinbürgerliche Mief so aus den Ohren, dass ich am liebsten aufspringen, zur Kanzel rennen und dem Pfarrer da oben eine reinhauen möchte. Er schimpft uns Sünder und stellt uns die Hölle in Aussicht, wenn wir nicht fleißig bereuen, spenden und beten. Er wird nicht müde, uns alle kleinzumachen! Glaubt er wirklich, ich lasse mich verarschen? Bei »Stille Nacht« fange ich normalerweise vor Rührung an zu weinen. Seit Jahren dasselbe. Das Lied ruft in mir das Gefühl von kindlicher Unschuld und Zugehörigkeit hervor. Aber die ist zerstört. Diesmal kämpfe ich gegen die Tränen an. Ich will weder gottergeben noch sentimental sein.

Als Kontrastprogramm denke ich an Gerhard und daran, wie wir's ischamlos auf dem Boden vor dem großen Spiegel getrieben haben. Und mir fallen Szenen aus der katholischen Jugendgruppe ein, wo wir unsere Erfahrungen darin austauschten, Jesus in den Mitmenschen zu sehen: »Zuerst hatte ich keine Lust, Mutter beim Abtrocknen zu helfen. Aber dann habe ich Jesus in ihr gesehen und hab es doch gemacht.« Jetzt sehe ich Jesus vor allem in Gerhard: Zuerst wollte ich nicht mit ihm ins Bett gehen, aber dann habe ich Jesus in ihm gesehen und habe es doch gemacht.

Ja, ich habe an Gott geglaubt und immer gebetet. Eigentlich tue ich das immer noch. Ich schicke meine Gebete aber absichtlich nicht zu der Abteilung, die der Kollege da vorn auf der Kanzel vertritt. Ich bete zu einem, der es gut mit mir meint und mich nicht verdammt. Den kann ich hier nicht finden. Die Predigt ist vorbei, und ich suche im Gebetbuch das neue Lied: »Tantum ergo sacramentum ...« Das singe ich. »... veneremur cernui ...« Lauthals. »... altes Vorbild möge weichen, da der neue Brauch begann. Was die Sinne nicht begreifen, nehme doch der Glaube an.« Vor lauter Wut.

1985. **Heute, ein Jahr** nach Tag X, dem Beginn der neuen Zeitrechnung, also genau »Eins nach Gerhard«, ist mein erster Tag auf der Infektionsabteilung. Nur Patienten mit ansteckenden Krankheiten. In meinem nächtlichen Traum habe ich die gesamte Geräteausstattung dort mit der bloßen Faust zertrümmert. Bevor ich auf Station gehe, höre ich ganz laut Roger Chapman: »Techno Prisoner«. So mache ich mich stark für den bevorstehenden Arbeitstag. Schon bei der Schichtübergabe habe ich das sichere Gefühl, dass ich noch immer im falschen Zug sitze. Wieso steige ich nicht aus? Ich habe Angst, dass ich unter die Räder komme und mein Größenwahn nicht ausreicht, um es durchzuziehen. Deshalb. Meine Emmendinger Discofreunde haben zwar schwarz gemalte Augen wie Alice Cooper, aber ihr Antrieb reicht lediglich zum Klauen. Das kommt mir plötzlich spießig vor. Und die andern, echte Aussteiger, die kenne ich nicht.

Um sechs beginnt die Morgenschicht. Jetzt heißt es: zusammenreißen. Ich soll mich den Patienten vorstellen und Fieber messen. Im ersten Zimmer schlägt mir eine süßliche Luft entgegen. Ich will das Fenster öffnen, aber der Patient protestiert. Das Fenster bleibt zu. Ich schnaufe

verbrauchte Luft ein und aus, lächle meinen Ekel weg.
»Wie heißen Sie? Wie?« Der Kranke liegt im Gitterbett
und ist an beiden Armen mit Manschetten an den Gitter-
stangen fixiert. »Er will sich immer die Infusion aus dem
Arm ziehen«, murmelt der Pfleger, der hinter mir steht.
»Maria, Schwester Maria!«, antworte ich, »so heiße ich.«
Ich muss es noch mal lauter sagen. Wir lösen ihm die
Fesseln, aber jetzt will er das Thermometer nicht nehmen
und verzieht das Gesicht. Der Pfleger sagt: »Den Herrn
Groll können Sie morgen früh rasieren. Heute lassen wir
es so.« Ich denke an meinen Traum, an die pulverisierten
Apparate. Als ich aus dem Zimmer komme, kriege ich
wieder Atemnot. Ich bleibe auf dem Gang stehen, wo der
Pfleger mir eine Kanne Malventee in die Hand drückt,
die ich in Zimmer 22 bringen soll. Ich lese das schmale
Papierschild »Früchtetee«, das jemand unter einem brei-
ten Tesastreifen auf die Kanne geklebt hat. Dann hebe ich
den Kopf, sehe den Pfleger an und öffne den Mund: »Ich
gehe jetzt.« Dann ist einen Moment gar nichts. Er versteht mich nicht. Ich setze nach. »Ich halte das hier nicht
aus! Macht euren Scheißjob allein!« – »Beruhigen Sie sich
und setzen Sie sich erst mal!« Ich will mich nicht setzen
und schon gar nicht beruhigen. Ich schluchze. »Ich muss
hier raus!« Die Teekanne noch immer in meiner Hand,
bemerke ich, wie das starre Korsett in meiner Brust deutlich knackst. Ich habe eine Entscheidung getroffen, eine
große, eine überlebenswichtige. Scheißegal, dass ab-
gebrochene Ausbildungen vermieden werden sollen und
auf einer Bewerbung sofort Argwohn hervorrufen. Ich

bin glücklich. Ich hab's geschafft. Der Stationsarzt wird
gerufen. Er nimmt mich in den Arm, und ich weine ihm
den weißen Kittel voll, ohne darauf zu achten, ob ich jetzt
bakteriell verseucht werde oder nicht. Er sagt: »Wenn es
so schlimm ist, dann ist es wohl wirklich besser, du hörst
auf.«

Die Welt sieht seit eben anders aus. Ich kann wieder
atmen und habe ein Gefühl, als wär's der erste Atemzug.
Ich gehe als neuer Mensch in meine Wohnung. Sie sieht
noch genauso aus, wie ich sie verlassen habe. Das zer-
knüllte, von Albträumen durchdrungene Bett, das Licht
im Bad, das ich vergessen habe auszumachen, die beiden
ockergelben Sessel, die Backstagepässe, die ich gesam-
melt und an die Wand gepinnt habe wie Reliquien von
irgendwelchen Heiligen. Auch viele neue sind dazuge-
kommen: Klaus Lage, Mike Oldfield, Scorpions, Spliff,
Waggershausen, Maffay, BAP, Chapman, Grönemeyer.
Bei Klaus Lage hat mir jemand ein Briefchen Koks zu-
gesteckt und mir gezeigt, wie man das macht. Vielleicht
habe ich zu wenig davon genommen. Bei Grönemeyer
ließ ich mich ebenso bedröhnen und wartete noch Stunden später auf die Wirkung des Kokains. Bei Maffay gab
es nichts, und das war auch okay.

Jan bietet mir an, bei ihm in Hannover zu wohnen. Ich bin
so aufgeregt, dass ich mich viermal umziehe, denn kein
einziges Kleidungsstück will zu meinem neuen Leben

passen. Ich fange heute schon an zu packen. Und telefoniere mit Gerhard. Er findet meinen Entschluss gut, aber
er versteht nicht, wieso ich ausgerechnet nach Hannover
will. Er sagt, er sucht eine Sekretärin, aber mich will er
nicht. »Dich will ich lieber zum Schmusen, Süße … wir
werden uns ganz bald sehen.« Seine Plattenfirma wird
nach Hamburg verlegt, »… ganz in die Nähe von Hannover …«. – »Dann können wir uns ja öfter sehen«, sage
ich. – »Ja, meine Süße.« Ich habe ihm nicht gesagt, dass
ich bei Jan wohnen werde. Auch nicht, dass ich jemanden
brauche, bei dem ich geschmeidig in mein neues Leben
rutschen kann. Ohne Zusammenbrüche.

»I am sailing …« Ich singe die zweite Stimme, während
ich über die Autobahn gen Hannover heize. Mein Ben-
jaminus Soundso droht bei jeder leichten Kurve umzu-
kippen, und ich betätige mich neben dem Autofahren
noch als Pflanzenstütze. Mein Auto ist bis oben hin voll
mit Kisten, Koffern und Taschen. Das Leben ist eine
Wundertüte. Jawoll. Ich rede mir ein, ich werde dort nicht
allein sein. Ich habe ja Jan und Gerhards Plattenfirma.
Das heißt, dass Gerhard zwangsläufig auch öfter mal
dort ist. Ich danke Gott dafür, dass er die Polydor nach
Hamburg und nicht nach Frankfurt verlegt hat. Ich nehme mir vor, in Hannover mein schauspielerisches Talent
zu testen. Mit diesem Entschluss trete ich noch einmal
aufs Gas und setze den Blinker, der völlig asynchron
mein Duett mit Rod Stewart zerstört. »I am sailing …«

Ich mache einen Zwischenhalt in meiner alten Heimat.
Es ist mein Geburtstag. Am Abend wartet die ganze

Familie auf mich. Ich bin einundzwanzig, müde von der Fahrt, und alle sind herzlich und lieb zu mir. Ich hab sie auch alle lieb. »Also Mary, mach was Gescheites in Hannover! Halt die Ohren steif!« Das werde ich. Obwohl ich die ganze Zeit schon weg war, ist dieses Weggehen noch mal ein anderes. Jetzt geht es volle Granate in einen neuen Lebensabschnitt. Vielleicht sogar hin zur Erfüllung meines Lebenstraums. Ich kann es deutlich spüren.

In öffentlichen Ämtern sollte das Rauchen verboten werden. Von rechts und links werde ich im Sozialamt Hannover eingeräuchert. Neben mir eine Frau mit langen, blonden, fettigen Haaren und einer Bluse, für die ich hundert Mark bezahlen würde, damit ich sie nicht anziehen müsste. Links ein Mann um die vierzig, er liest die *Bild*-Zeitung. Beim Umblättern feuchtet er jedes Mal den Daumen mit Spucke an. Genau wie meine ehemalige Stationsschwester. Die blonde Frau hat ein Kind dabei, das sich an dem riesigen Aschenbecher zu schaffen macht und die vergammelten Zigarettenstummel anfasst. »Lass das, Janine, komm her.« Das Kind lässt es nicht und kommt auch nicht her. Die Mutter bleibt sitzen und steckt sich noch eine Zigarette an. Ich bin Nummer Siebzig, und eben kam Siebenundfünfzig dran.

Ich brauche Geld, bis ich den Antrag auf Arbeitslosengeld in Freiburg durchhabe. Beim Sozialamt geben sie mir einen Scheck über siebzig Mark, nächste Woche soll ich wiederkommen.

Das soll jetzt also mein neues Zuhause sein: eine graue Stadt im Norden, in der alles neu und gerade ist – genau das Gegenteil von Freiburg. Die Leute hier sprechen ein Hochdeutsch wie aus dem Lexikon. Noch bin ich ein Opfer meines Heimatslangs, den ich jedoch in den letzten Jahren und vor allem mit Gerhard massiv bekämpft habe. Ich war der Meinung, dass ich inzwischen reinstes Deutsch spreche, doch die Hannoveraner beweisen mir das Gegenteil. Dauernd werde ich gefragt: »Du kommst wohl aus Süddeutschland?« Einmal sagte ich sogar: »Ja, wieso?« Je mehr ich mich anstrenge, die Worte in die richtige Reihenfolge, in die grammatikalisch richtige Zeit und die Stimme in einen leichten Singsangton zu bringen, umso mehr verheddere ich mich, und umso eigentümlicher werden meine Satzstellungen, mitsamt den Betonungen. Ich kann die Male gar nicht mehr zählen, bei denen ich mich in ein Räuspern oder einen Hustenanfall flüchte oder in ein plötzliches Naseschnäuzen, um dem komplizierten Ende eines Satzes zu entrinnen. Wenn ich bloß wüsste, wie ich den Satz begonnen hatte! Wenn jemand nachfragt, habe ich dann zufällig vergessen, was ich gerade sagen wollte und sage: »Dann war es wohl nicht wichtig.« Dabei ist mein Kopf hellwach und arbeitet schon wieder an einer neuen, perfekt klingenden Satzkonstruktion.

Ich wusste bisher nicht, dass die Sprache so sehr an Körperbewegungen und Verhaltensweisen gebunden ist.

Nicht nur die Sprache ist fein: Auch die Gesten sind es. Hier werfen sich die Mädchen ihre blonden Mähnen mit norddeutscher Anmut in den Nacken, als würden sie einen Werbespot für Haarshampoo drehen. Oder sie machen großzügige Handbewegungen, zum Beispiel, um den Kellner an den Tisch zu rufen. In Norddeutschland lebt man bis in die Poren. Man verabschiedet sich mit einem klangvollen: »Lass uns telefonieren!«, was einen zu einem Teil in einer großen Gemeinschaft werden lässt, auch wenn das Telefonat in den nächsten eineinhalb Jahren nicht stattfindet. Allein »Lass uns« statt »wir machen jetzt mal« zu sagen ist edel und passt zu Gerhards »Lass starten, lass machen«. Ich werde mich an der Sprache festsaugen. Beherrschen werde ich sie. Bald schon. Niemand wird mehr ahnen, wo ich herkomme, weil ich meine Wurzeln ausradiert haben werde. Ich werde mich neu erfinden.

Leider kenne ich mich in dieser Stadt überhaupt noch nicht aus. Es schneit, und ich muss wenden, weil ich mich verfahren habe. Ich sehe den Laternenpfahl nicht. Es kracht. Die Heckklappe meines geliebten R 4 kriege ich noch auf, aber nicht mehr zu. Das ganze Blech ist verzogen. Ein Freund von Jan will es reparieren und baut auf der Fahrt zur Werkstatt einen Unfall – Totalschaden. Sogar der Rückspiegel ist zersplittert, aber der »Tourpass« baumelt noch. Ich nehme ihn ab und sage »Tschüss« zu meinem Auto. Der Unfallverursacher besorgt mir später einen lapprigen R 5, dessen Kupplung nicht richtig funktioniert.

Er riecht wie immer. Und bestellt uns im Hotel Interconti in Hamburg erst mal einen Kaffee aufs Zimmer. Ich bin überglücklich, ihn zu sehen, umarme ihn. »Lang, lang ist's her, meine Süße«, und das Telefon unterbricht unsere Begrüßung. Er telefoniert viel.

Wir fahren ins Chamäleon-Studio. Gerhard trinkt Johanniskrauttee und wandelt auf Socken unruhig durch die Räume. »D-dm-dm-dm.« Johanniskrauttee sei seine neue Droge. Wieso ausgerechnet jetzt, wo ich da bin, diese Alternative? Mir wäre Champagner lieber gewesen, denn nüchtern kann ich die Situation kaum ertragen. Er ruft mindestens zehn Frauen an und lädt sie alle ins Studio ein, diktiert die Adresse im Gehen, zieht an der Telefonschnur, wundert sich, dass sie so kurz ist, bleibt stehen. »Das geht nich weiter«, stellt er resigniert fest. Genau, denke ich, das geht nicht weiter. Selbst für ihn, den Meister, gibt es Einschränkungen, die er hinnehmen muss. Jemand beeilt sich, das Telefon woanders zu platzieren, damit das Kabel länger wird, aber das wird auch nichts. Denn Gerhard will in jede Richtung Freilauf haben. Wir gehen ins Nebenzimmer, und er spielt mir auf dem Klavier einen neuen Song vor. Er will wissen, was ich davon halte: »…der Tag X, ich hab lange gewartet, endlich ist er da …« Jetzt sehe ich, dass er den Nagel am kleinen Finger der linken Hand schwarz lackiert hat. Das war nie und nimmer seine Idee. Das war eine Tussi. Ich improvisiere die zweite Stimme dazu. Das konnte ich schon immer gut. Wir singen es noch mal, und er findet es toll. Ich schmelze. »Hehehe«, macht er.

»Früher war die ganze Welt ein großer Garten Eden, für Adam und für Evi und überhaupt für jeden ...« Er feilt den Song. Ich höre ihn von mittags um drei bis nachts um vier. Zwischendurch kommt Jaqueline. Sie ist noch nicht mal richtig zur Tür herein, und ich bin schon rasend eifersüchtig. Sie trägt ein Lederkäppi und schwarze Netzstrumpfhosen, der Rest ihrer Klamotten ist knallrot. Ich komme mir schäbig vor in den rosa Jeans!

Gerhard scheint mein Outfit egal zu sein, denn er küsst mich, obwohl sie da ist. »Jaqueline, kennst du Maria? Du kennst Jaqueline?« Sein »Wir-sind-doch-alle-eine-große-Familie«-Motto funktioniert nicht.

Jaqueline ist unsicher und langweilt sich. Als sie fragt, wo die Toilette ist, sage ich es ihr gnädigerweise. Ich war zuerst hier. Ich mache meinem Künstler Johanniskraut-tee, und sie soll sich raushalten. Jetzt will Gerhard auch ihr den neuen Song vorspielen. Sie bleiben sehr lange weg ... Ich kann meine coole Masche nicht mehr lange durchhalten. In mir brodelt's.

Als es hell wird, sind wir im Hotel Intercontinental Hamburg. Ich entferne mit dem Augen-Make-up auch den Wahnsinn von meinen Augen, und Gerhard pinkelt während-dessen ins Waschbecken. »D-dm-dm-dm ...«. Dann putzen wir uns die Zähne. Wir stehen vorm Spiegel wie zwei Kinder, die man ins Bett geschickt hat – aber mit der Auflage, sich vorher die Zähne zu putzen. Wir unterhalten uns dabei. Wir machen ein Spiel daraus, während des Zähneputzens zu reden. Das Zahnpastasprechspiel. Er mogelt; er spricht extra undeutlich, so dass ich überhaupt nichts mehr verstehe. Ich muss lachen und pruste schon los, bevor er anfängt zu reden. Und er lacht, weil ich lache. Mein Seidenhemd macht ihn an. Es ist aus hundert Prozent Polyacryl. Er steht hinter mir, wir sehen beide in den Spiegel, und er streicht mit seinen Vaterhänden über meinen Bauch, über den Bauchnabel hinweg. »Was bedeute ich dir?« – »Ich weiß es nicht.« Er weiß es nicht. Das darf ja wohl nicht wahr sein. »Du bist ein sehr sensibles Wesen, dessen Entwicklung mich interessiert. Du bist in Gedanken schon weiter als in der Realität.« Ich sage, das könne gut sein, aber er müsse doch wenigstens ungefähr wissen, welche Bedeutung ich für ihn habe. Er hat den Eindruck, ich fixiere mich auf ihn. Er wirft mir vor, ich hätte zu viel erwartet. Ich streite alles ab. Ich will hören, dass er sagt, dass ich die Einzige bin! Aber ich könnte auch eine andere sein. »Warum meldest du dich nie?« – »So bin ich eben. Ich rufe nie an. Keine Zeit. Ich vergesse es einfach. Ich vernachlässige meine Freunde, das stimmt.« Es passt mir nicht, dass er so ungemein überzeugt von sich ist.

Die Fanpost, die bei ihm ankommt, überfliegt er und legt sie auf einen anderen Fanpoststapel. Er lässt den Star raushängen. Alles klappt, wenn er nur seinen Namen sagt. Sobald er was will, rennen alle. Auch ich. Scheiße. Ich habe noch nie jemanden getroffen, der mehr auf sich selbst fixiert ist als er: »Was ich mache, ist wichtig. In meinem Kopf sind ständig neue Ideen. Ich bin immer nur mit mir beschäftigt. So 'n richtiger Narziss. Was andere machen, ist mir nicht so wichtig. Das finde ich sowieso alles nicht so gut.« Ja, ich weiß. Das Spiel heißt »Konsequenz«. Auch ich bin konsequent. Wir reden bis morgens um sieben. Dann küssen wir uns lange, lange. Ich möchte in seinen Küssen versinken. Wir begeben uns auf das Karussell der Liebe, das heißt, eigentlich nur er. Ich bin auf einer Achterbahn.

Ich muss leiser sein, weil er Christina in Berlin anruft. Sie soll nicht wissen, dass er nicht allein ist. Er sieht auf das Testbild vom NDR in der Glotze, brabbelt vor sich hin, rührt den Kaffee mit dem Messergriff um und versaut das Bett damit. Zigaretten werden gebracht. Ab und zu findet sein Fuß zu mir und streicht an meinem Bein entlang. Ich bin ausgehungert und gleichzeitig vollgeknallt. Heute hat er noch weniger Zeit als gestern. Ich soll ihn später anrufen. »Ruf du doch mal an.« – »Ich hab doch deine neue Nummer gar nicht.« Ich habe sie ihm schon hundertmal hinterlegt. »Schreib noch mal auf«, sagt er. Er hat deutliche Grenzen. Und ich will sie nicht sehen. Wo sind meine Grenzen, verdammt noch mal? »Wir passen nicht zusammen, wir sind uns zu ähnlich.« Ich denke, er spinnt. Schiebt mir unterschwellig das Kompliment rüber, dass ich genauso verrückt sei wie er. Vielleicht meint er, dass er, genau wie ich, jemanden braucht, der nur für ihn da ist. Vielleicht meint er, dass ich auch ins helle Licht muss, wie er. Dass ich Bewunderung brauche oder einfach schlichte Anerkennung. Wahrscheinlich brauche ich die mehr als die anderen, die schon mit stolzem Aufschrei geboren sind. Die haben sich nie verdreht und mussten sich nicht beugen. Später fällt mir ein, dass Gerhard absolut recht hat.

Endlich, nachdem ich ein halbes Jahr gesucht habe, finde ich eine eigene Wohnung in Hannover, die ich bezahlen kann. Ich streiche sie taubenblau und lasse mir einen dunkelblauen Teppichboden hineinlegen. Ich renoviere alles allein. Neben der Wohnung ist eine Konditorei. In den Arbeitspausen esse ich so viel Torte und Kuchen, dass mir schon nach einer Woche meine besten Jeans nicht mehr passen. Ich werde zusehends dicker.

Wieder muss ich zum Sozialamt und zum Arbeitsamt. Ich renne meinem Geld hinterher, das ewig nicht kommt. Am Abend bin ich mit ein paar Leuten, die ich beim Southside-Johnny-Konzert kennengelernt habe, unterwegs. In der Bhagwan-Disko tanze ich stundenlang, zwischendurch projizieren sie Bilder von Bhagwan an die Wand. Ich löse mich auf der Tanzfläche fast auf, so grenzenlos ist meine Tanzwut. Ich fahre überglücklich und mit wehen Füßen in meine neue Wohnung. Jan verabschiedet mich aus seiner Wohnung mit den Worten: »Du geile Hure, du!« Ich bin schockiert. Vielleicht hat der Drogen genommen. Geil bin ich nur aufs Leben, auf meine gänzlich eigene Zukunft.

Ich finde einen Job in einer Kneipe. Der Besitzer will, dass ich die Leute zum Trinken animiere. Außerdem soll ich Service und Küche machen und gleichzeitig hinter dem Tresen Bier zapfen. Er selbst steht daneben und kippt den ganzen Abend Bacardi-Cola. Vor und nach der Arbeit muss ich meine Taschen entleeren, damit er sieht, dass ich kein Geld eingesteckt habe. Ich bin dort jedes Mal ein Nervenbündel. Kann mir nicht merken, was die Leute bestellen: »Käsesandwich mit Salami, nein, Schinken, ein Tomatensandwich, einen kleinen Salat, ohne Käse oder mit Käse, aber ohne Thunfisch …« Nach vier Wochen schmeiße ich es hin.

Ich singe jetzt in einer Rockband, B 03 heißt sie, nach dem Namen einer Betonmischung. Christian, der Bassist, verliebt sich in mich. Daraufhin verliebe ich mich in ihn. Ich spüre es. Ich habe wieder einen Freund. Christian liebt mich auch mit Fettpolstern. Ganze Wochenenden gehen wir nicht aus dem Haus, sondern verkriechen uns in unsere Höhlen. Sollte ich wirklich jemanden gefunden haben, der meine Launen und Eskapaden erträgt? Es ist fast so, als säße ich in einem Nest, in dem ich nichts beweisen muss und in dem ich mich angstfrei von meinem »Ewig-stark-sein-müssen« verabschieden könnte.

Ich gehe auf das Konzert von Georg Danzer und lerne

Arni aus der Schweiz kennen. Er ist mit auf Tour und hat irgendwas mit dem Künstler zu tun. Wir unterhalten uns auf der anschließenden Party im »Leine-Domicil« sehr lange. Leute aus der Musikszene wissen einfach mehr von all dem, was mir wichtig ist, als all die anderen. Sie wissen mehr von der Freiheit und auch darüber, wie viel sie kostet. Sie wissen viel von der Ungewissheit, vom ständigen Hin und Her der starken Gefühle.

Nachdem mich Arni von diesem Tag an jede Nacht angerufen hat und wir immer mindestens eine Stunde über Gott und die Welt gesprochen haben, entschließe ich mich, ihn im Studio in München zu besuchen. Als ich zur Tür hereinkomme, bin ich ein wenig verblüfft. Er arbeitet im selben Studio, in dem Georg Danzer gerade seine neue LP produziert. Ich sitze viel herum, und Arni läuft immer geschäftig von einem Raum zum anderen. Dabei flucht er öfter leise vor sich hin. Ich weiß immer noch nicht genau, was hier eigentlich sein Job ist. Er sagt: »Ich versuche, Ordnung in dieses Durcheinander zu bringen.« Das ist nicht leicht.

Nachts will er mit mir ficken. Ich will es auf gar keinen Fall. Er ist stinksauer und verwüstet vor lauter Wut das ganze Hotelzimmer. Er säuft die Minibar leer. Ich schlafe die ganze Nacht nicht, aus Angst, dass er über mich herfallen könnte. Warum war ich so naiv …

Am nächsten Tag halte ich mich von Arni fern und setze mich lieber zu den Musikern und Tüftlern. Ich sehe zu, wie aus nichts etwas wird. Hier und dort wird an Reglern geschoben, an Knöpfchen gedreht, probiert, gesungen, geredet, geraucht, noch mal alles anders. Ich sehe ihre Köpfe qualmen, höre sie lachen. Ich genieße die Stimmung, das kreative Gewusel. Deshalb bleibe ich. Georg Danzer lächelt mich an. Er kommt mit seinem neuen Songtext nicht klar. Nach einiger Zeit geht er in den Glaskasten und singt zur Musik einen neuen Text: »Löwenzahn«. Dabei sieht er mich ernst an. Ich werde knallrot. Keiner redet darüber. Nur Arni faucht eifersüchtig: »Jetzt hot er den gonzen Text auf di umgschriebm. Hast ihn gut inspiriert, den Künstler!« Und Georg Danzer sagt, bevor ich zum Bahnhof fahre: »So sieh i di afach.«

Löwenzahn
Sie sehnt sich nach den stillen Nachmittagen,
wenn sich die Sonne an die Fenster schmiegt.
Sie hungert nach Geborgenheit und wartet auf die
    Zärtlichkeit, die jeden Widerstand in ihr besiegt.
Sie möchte keinen Schatten auf dich werfen,
sie möchte nur in deiner Nähe sein.
Sie denkt nicht nach und träumt sehr viel
und sucht nach einem Lebensziel …

Als ich wieder in Hannover ankomme, tippt mir jemand von hinten auf die Schulter. Es ist Christian. Er hat stundenlang am Bahnhof auf mich gewartet, weil er nicht wusste, mit welchem Zug ich komme. »Entschuldigen Sie, brauchen Sie ein Taxi?«, grinst er mich an.

Er ist zu lieb zu mir. Er fängt an, mich vor lauter Liebe zu erdrücken. Je liebevoller er wird, umso kälter werde ich. Die Band, in der ich gesungen habe, hat sich aufgelöst. Wir sind nie aus dem Probenraum rausgekommen. Der Drummer versuchte, Gerhards Stil nachzuahmen. Ich wusste gleich, dass das nicht funktioniert. Dennoch hat es sich für mich gelohnt.

Ich arbeite in der Anzeigenannahmestelle bei einer Zeitung. Manchmal verbringe ich zehn Stunden am Stück vor dem Computer. Endlich habe ich Arbeit. Aber noch verdiene ich zu wenig Geld. Ich lasse mich in eine Modelagentur aufnehmen und habe auch gleich mein erstes Fotoshooting für eine Baumarkt-Sauna, die sich auch für Laien kinderleicht aufbauen lässt. Ich posiere in einem Bademantel und einem Handtuchturban als die frisch gebackene, glückliche Saunabesitzerin. Blöd ist, dass ich die ganze Zeit das Gefühl habe, als würde ich dabei lügen. Aber ich brauche die hundert Mark und lächele gequält weiter. Ich glaube auch, dass der Fotograf will, dass ich den Bademantel ausziehe. Er macht ein paar komische Andeutungen. »Sie macht's nicht«, sagt er seinem Auftraggeber am Telefon. Ich kann nicht schnell genug mit meinen hundert Mark abhauen. Und schreibe abends in mein Tagebuch: »Ich muss das, was ich mache, auch wollen, sonst lüge ich, bis ich sterbe.« Ich erinnere mich daran, dass ich immerzu Dinge gemacht habe, die ich nicht will. Einfach, weil ich das immer schon so gemacht habe und es von Kindesbeinen an gar nicht anders kannte. Weil nie jemand gemacht hat, was er eigentlich wirklich wollte. Jeder machte immer nur, was er sollte.

Von Klaus habe ich ewig nichts gehört. Er schickt mir ein vergrößertes Foto von sich. Klaus war mein erster Freund. Wir waren neunzehn. Ich hatte noch nie mit jemandem so viel gelacht wie mit ihm. Manchmal hatte ich Bauchschmerzen vom vielen Lachen. Klaus ist wunderschön, blond und steht auf Gerhards Musik. Wir peitschten uns gegenseitig damit auf und klauten eines Nachts ein Konzertplakat – das von der Odyssee-Tour. Beim Abziehen von der Litfaßsäule zerfetzte es. Da wusste ich noch nicht, dass ich Gerhard auf der darauffolgenden Tournee »Götterhämmerung« treffen würde. Das Plakat hängt heute noch immer in Klaus' Zimmer, als Indiz für »powerteammäßige« Liebeszeiten. Seit er von mir und Gerhard weiß, ist die alte Verbindung spröde geworden. Ich kann mich nicht mehr wie früher an den Songs hochziehen. Wenn du denjenigen persönlich kennst, der früher ein Symbol für Rebellion war, funktioniert vieles nicht mehr. Du träumst nicht mehr auf dieselbe Weise von ihm wie damals. Weil du dich jetzt in seinem Dunstkreis bewegst. Du träumst jetzt einen anderen Traum, einen viel komplizierteren. Du musst selbst was tun, sonst fühlst du dich als kompletter Loser. Deshalb musst du dir vorher überlegen, ob du das willst, einen Star kennenlernen. Dahin kann Klaus mir nicht folgen. Er weiß nichts von meinen Gehversuchen im Freien, von meinem Kampf um »think big« und »be big.« Er weiß nicht, wie sich Gerhards Plastiklederhose anfühlt, wie seine Hemden riechen. Er kennt sein schelmisches Grinsen nicht. Nicht sein Weltuntergangsgesicht, wenn ihm was nicht passt. Und am allerwenigsten kennt er den Krampf im Bauch, wenn Gerhard nicht anruft, obwohl er es versprochen hat. Klaus und ich wollen einander nicht wegen Gerhard verlieren, also schreiben wir und telefonieren. Vielleicht sind wir noch zu retten. Ich habe schon zu viele Freunde vernachlässigt.

Dass Gerhard ein Konzert in Hannover gibt, hätte ich beinahe verpasst. Christian erzählt es mir ganz nebenbei, während er seinen Fahrradschlauch nach Löchern absucht. Er drückt ihn immer wieder in einen Eimer mit Wasser. An der Stelle, an der das Loch ist, sprudeln kleine, harmlose Bläschen nach oben, die nichts von der plötzlichen Anstrengung ahnen, die es mich kostet, meiner Stimme den gleichen fröhlichen Tonfall zu geben wie vorher. »Wann ist denn der Gig?« – »Morgen.« – »Morgen!« – »Ja. Willst du hingehn?« – »Mhm, ich denk schon … warum sagst du mir das eigentlich jetzt erst?« – »Weil ich es heute erst erfahren habe.« Er hat es in der Zeitung gelesen. Da stand es dick und fett drin, sagt er. Es ist das erste Mal, dass ich es nicht von Gerhard selbst oder einem Plakat an den Litfaßsäulen erfahren habe. Er raut den Fahrradschlauch mit Schmirgelpapier an, damit das Pflaster später hält. »Du musst es dir wohl wieder mal geben?« Ich hatte Christian von Gerhard erzählt – zu viel.

Ich möchte losbrüllen: Verdammt noch mal, ich wäre froh, wenn er mir am Arsch vorbeiginge! Ich wäre glücklich, wenn ich das »Und-koste-es-was-es-wolle-Hinwollen« nicht wollen würde! Aber ich will es! Stattdessen sage ich: »Wieso? Ich möchte ihn nur ganz gern mal wiedersehen. Außerdem kenne ich da ziemlich viele Leute.«

Christians Rennrad ist geflickt, aber zwischen ihm und mir zerreißt irgendwas. Wir schweigen. Sehen uns zusammen einen Kinofilm an. Da müssen wir zum Glück nicht reden.

Ich bin beim Konzert nicht Backstage. Als wollte man mich etappenweise vom Nabel der Welt eliminieren! Ein Guestpass ist kein Backstagepass. Ich kann nicht zu Gerhard, nicht hinter die Absperrung, nicht mal in den Graben. Auch Hermann kann mir keinen anständigen Pass besorgen, die seien im Moment Mangelware. Ich muss mir das Konzert wie ein ganz normaler Zuschauer ansehen, und es kotzt mich an. Vor der Show kriege ich Gerhard gar nicht zu Gesicht. Zu still, zu klein, zu zersplittert, um mich durchzuboxen, bleibe ich stehen, wo ich bin, bei Hermann am Ton, in der Mitte der Halle. Alles geschieht ohne mich, und Gerhard ist weit, weit weg. Hermann sieht schlimm aus: dunkle Ränder unter den Augen, angespannte Gesichtszüge. Es ist nicht wegen dem Tourstress, meint er. Ich denke an seine Worte, mit dem Selbstmord zu warten, bis ich vierzig bin. Wie alt ist er eigentlich? Er erzählt mir von seiner unglücklichen Liebe zu einer Frau, und ich höre so aufmerksam zu, wie ich nur kann. Jemand sagt etwas zu dir, und du hörst zu, denke ich, um mich bei Laune zu halten. Und so geht das Leben immer weiter, Minute für Minute! Kein Grund auszurasten! Als ich von Hermann erfahre, dass alle – und alle heißt: auch Gerhard – nach dem Konzert noch ins Maritim-Hotel gehen werden, um zu feiern, verwandelt sich meine Gefühlswüste gleich in eine erlösende Oase. Wenigstens nach der Show bin ich hinter der Bühne. Gerhard sehe ich mit einem riesigen Gefolge in dunklen Anzügen in die Garderobe verschwinden, und er wirft mir von Weitem einen Handkuss zu mit den Worten: »Wir sind dann noch in der Hotelbar!« Das war's.

Ich fahre mit Tonmann Hermann und ein paar Technikern ins Maritim, und dort geht es in ein Hotelzimmer. Einer hängt den Spiegel von der Wand ab, und allmählich weiß ich, was gespielt wird. Von dem weißen Schnee, der in fünf gleichmäßig gezogenen Linien – sie sehen aus wie dicke Wollfäden – auf der Spiegelfläche serviert wird, bekomme ich auch etwas ab. Na dann, auf zum Feiern!

In der Bar ist Gerhard schon nicht mehr allein. Ich traue meinen Augen kaum! An ihm hängt ein süßes, junges Mädchen, das gerade damit begonnen hat, sich seiner Reize bewusst zu werden. Er verkündet allen ganz stolz, dass er sie schon kannte, als sie neun war. Jetzt muss sie ungefähr fünfzehn sein. Das Anzug-Gefolge nickt anerkennend. »Komm, wir gehen jetzt endlich!«, quengelt sie an seinem Hals herum. Die beiden stehen auf, dabei fällt ein Stuhl um, und verlassen die Bar. Keiner stellt ihn wieder auf. Ich sehe immer nur den Stuhl und bin steif wie eine Schaufensterpuppe.

Auch ich gehe. Nach Hause. Auf dem Weg dorthin stelle ich mir vor, dass dieser verdammte Gerhard L. auf seinen Platten sitzen bleibt und keine Menschenseele mehr auf seine Konzerte geht. Misserfolg für die nächsten fünfzig Jahre! Das ist es, was ich ihm von Herzen gönne. Ich kann nicht schlafen. Ich bin traurig und wütend und möchte an alles andere denken, nur nicht an ihn und das Püppchen. Ich hatte so fest daran geglaubt, dass zwischen uns mehr ist als nur ein: »Wir sind dann noch in der Hotelbar!« Wir haben doch schon so viel geredet! Gibt es nicht mehr zu sagen als: »Wir sind dann noch in der Hotelbar«? Und wer ist eigentlich »wir«? Ich hätte sagen sollen: »Tschüss, Püppchen, geh nach Hause zu Mama und werde erwachsen; dieses Spiel ist erst ab achtzehn!« Und ich hätte mich an ihn ranschmeißen sollen, so, wie er's vielleicht sonst gewohnt ist, was weiß ich!

Das Telefon klingelt. Gerhard! »Na, wie war's?« Es ist Christian. »Gut, wieso?« – »Klingst aber nicht gerade sehr begeistert.« – »Ich bin nur müde, es war so laut.« – »Kann ich vorbeikommen?« – »Mhm, du, ich hab schon fast geschlafen ...« – »... ist gut, vergiss es.« Scheiße. Er schweigt. Dann redet er wieder: »Na, dann schlaf gut.« – »... bist du mir böse?« – »…schlaf gut.« In der Leitung klickt es, und ich halte noch immer den Hörer in der Hand.

Ich habe eine große Veränderung eingeläutet. Ich spiele Theater! Es ist kaum zu glauben! Ich habe mich auf eine Anzeige beworben: »Kindertheater sucht junge Schauspielerin«. Ich muss ein bisschen improvisieren, und sie finden mich toll. Jetzt bin ich also eine angehende Schauspielerin.

Christian und ich trennen uns. Es macht einfach keinen Sinn. Das Kindertheater verändert alles. Ich habe jeden Tag was zu tun. Ich habe keine Ahnung von Spieltechnik und tue das, was ich für richtig halte. Ich weiß nicht, ob ich gut bin. Zu Frank, der die Hauptrolle spielt, habe ich gleich einen Draht. Er sieht noch sehr jung aus, ist aber so alt wie ich. Ich könnte mich kaputtlachen, wenn er in unserem mickrigen Bühnenbild steht und wie ein Star vom Schauspielhaus Hamburg brüllt: »Ich kann so nicht arbeiten! Ich kann's nicht! Ich kann's einfach nicht! So nicht!« Dabei geht er händeringend und kopfschüttelnd durch den Probenraum, als wolle er dem großen Peter Zadek die Zusammenarbeit kündigen.

Nachdem wir das Stück in zwei verschiedenen Schulen aufgebaut, gespielt und abgebaut haben, sitzen wir in einer Kneipe und reden von der Karriere. Ich schmecke eine Ahnung vom Künstlerleben und fange an, ziemlich viel Wein zu trinken. Je fertiger ich aussehe, umso besser. Ich prüfe jeden Morgen vor dem Spiegel, ob meine

Augenränder noch tief genug sind, so, wie andere ihr Gesicht nach Pickeln absuchen. Schminken kommt gar nicht in Frage.

Mit Frank mache ich allerhand tolle Spielchen. Wir sind ein gutes Aktions-Theaterteam. So fahre ich zum Beispiel des Öfteren im Hauptbahnhof auf der Rolltreppe, und Frank läuft mir auf der angrenzenden Treppe wie ein Depp hinterher und ruft: »Warte doch auf mich, Maria, ich liebe dich doch!« Aber ich lasse ihn abblitzen: »Leck mich doch am Arsch, es ist Schluss!« Das Ganze machen wir so laut, dass alle Leute sich umdrehen und die Köpfe schütteln. Je mehr Leute uns bemerken, desto ausgefallener und mutiger werden unsere Dialoge. Wir spielen Theater, zwischen Menschen, die kein Theater spielen. Wir vermischen echt mit unecht. Wir sind viele unterschiedliche Passanten. Wir sind fantastisch!

Zum Glück fährt Jan nach Braunschweig zu Gerhards Konzert. Ich fahre mit. Weil er, den alle Ordner kennen, dabei ist, brauche ich nicht um Einlass zu kämpfen. Wir werden mit offenen Armen empfangen. Die Tour-Ärztin, Alex, Gabi Blitz, alle sind sie da. Die Halle ist voll, die Leute brüllen nach Zugabe. Gerhard hat wenig Zeit, aber er freut sich. »Schön, dass du da bist«, sagt er. Und ich erst! Er gibt mir einen flüchtigen Kuss, und ich muss den Popstar mit allen teilen.

Wie Gerhard seine Begrüßungsküsschen an die Frau bringt, ist ein kleines Schauspiel. Die Mädchen stehen mit erwartungsvollen Blicken vor ihm, ihn mit Augen verzehrend, bereit, die Arme voller Hingabe um ihn zu schlingen. Er aber lässt die Arme baumeln, dass es aussieht, als würden sie nicht zu ihm gehören, und beugt seinen Kopf zum Kuss nach vorn, nicht ohne sicherzugehen, dass der Hut nicht verrutscht. Und so streift er, haucht er fast, mit seinen Lippen über geschminkte oder ungeschminkte Mädchenwangen und hinterlässt dort die Duftmarke seines immer reichlich aufgetragenen Parfums, das sich in den Nasen und Herzen der Mädchen verewigt. Ich sehe jeder von ihnen an, dass sie denkt: »Aber mich hat er besonders zärtlich geküsst.«

Ich bin gefasst. Jan fragt, ob mir schlecht ist, weil ich so blass bin. Nein. Nach dem Konzert lädt uns Gerhard ins Restaurant ein. Er sitzt neben mir und isst Nürnberger Rostbratwürste mit Sauerkraut. Er schlingt. Ein Sauerkrautfaden verfängt sich in seinem Drei-Tage-Bart und bleibt dort hängen. Er merkt es nicht und redet weiter. Alle starren ihn an, als sei er ein ausgefallenes Tier, und tun so, als wäre in seinem Gesicht alles in Ordnung. Ich kann es nicht mit ansehen: »Gerhard, du hast da was.« Ich ziehe den Gemüsefaden von seinem Kinn und atme auf, und viele andere auch. Diese Memmen hätten Gerhard Lotus den ganzen Abend mit dem Sauerkraut im Gesicht rumlaufen lassen! Das sind doch keine Freunde! Gerhard tut mir leid, wenn sie ihn so allein lassen mit seinem Popstar-Sein. Die Besitzerin des Lokals will, dass er seinen Namen an die Wand schreibt. Er geht in Strümpfen zu der Stelle, an der sich schon einige Prominente verewigt haben. Die Lokalbesitzerin ist völlig aufgeregt und lacht. Vor allem wohl deshalb, weil Gerhard eine grüne und eine pinkfarbene Socke trägt, beide in schrillem Neon. Er fragt mich, ob ich hier im Hotel schlafen will. »Wär doch schön«, sagt er. Ich druckse rum. Alles in mir schreit: Bleib hier!!! Aber wäre ich stark genug, das Vermissen auszuhalten? Ihm nach mir andere Mädels zu gönnen? Seine easy Komplizin zu sein? Ich stammele was von »morgen früh raus und so ...« Und Gerhard: »... na ja, wenn du morgen schon wieder in Hannover sein musst ... aber schön, dass du gekommen bist.« Meine Angst vor dem Absturz ist so übermächtig, dass ich fahre. Während der ganzen Heimfahrt bin ich stumm.

Ein halbes Jahr lang habe ich mir immer wieder eingeredet: Es wird besser, du musst nur die harte Anfangszeit überstehen. Aber jetzt reicht's mir: Das Kindertheater nervt! Ali, der Chef, macht mit uns ein Körpertraining, dass ich das Gefühl habe, ich bin bei der Bundeswehr. Alle kuschen vor ihm. Wie rückgratlose Lemuren. Wieso bloß? Ich sehe, dass die arme Sau alles Mögliche veranstaltet, nur um die eigene Macht auszutesten. Er behandelt uns würdelos. Wir arbeiten viel, und die Bezahlung ist gleich null. Ich werde immer aggressiver ihm gegenüber. Und dann schreie ich zum ersten Mal in meinem Leben jemanden an. Ich beschimpfe ihn mit »blöder Hund« und »Menschenschänder« und »Arschloch« und dass er ja nicht ganz dicht sei im Kopf. Meine Stimme klingt so fremd, als wäre sie nicht meine. Ich will nicht mehr schweigen. Ich stehe halb gebückt und mit geballten Fäusten im Probenraum. Ich will auf Ali losgehen. Er grinst mich so überlegen und unverschämt an, dass ich es fast tue. Ich sehe ein, dass er körperlich stärker ist als ich. Aber ich habe ihn angebrüllt, die Stimme erhoben! Ganz gegen meine Erziehung, wo es hauptsächlich darum ging, stillzuhalten und in vorauseilendem Gehorsam alles zu tun, damit man nicht aneckt. Ich bin ein wildes Tier und entlasse mich selbst aus dem Käfig.

Jetzt mache ich Spielgruppen mit Kindern aus sozial schwachen Familien. In wenigen Stunden soll ein Theaterstück erarbeitet werden. Ich bin keine Theaterpädagogin. Die Kids tanzen mir auf der Nase rum. Manche kleben an mir wie Kletten, andere krakeelen auf dem Gang herum. Die Jungs spielen »Rambo«. Mitten in der Stunde schmeiße ich den ganzen Laden hin. Es ist mir scheißegal, dass ich verantwortungslos bin. Ich kann einfach nicht mehr. Vielleicht ist das gut.

Das Telefon klingelt mich wach, halb zwei Uhr nachts. Ich nehme ab. Gerhard, aus dem Hilton-Hotel in München. Wie's mir so ginge. Was die »Kerlens« so machen. Er sei den ganzen Tag mit Business beschäftigt gewesen und habe nun Sehnsucht nach mir bekommen. »Wann sehen wir uns?«, frage ich ihn. »In Bälde.« Am liebsten würde ich auf der Stelle nach München fliegen. Wie kommt er dazu, mich mitten in der Nacht aus dem Schlaf zu reißen, wo er doch genau wissen muss, dass ich danach kein Auge mehr zumachen kann?

Ich habe heute die *Bild*-Zeitung gekauft. Was ich lese, ist furchtbar: Gabi Blitz ist tot. Drogen. Das kann ich gar nicht glauben. Gerhards Schwester, Mutter, Tochter, Gefährtin, Krankenschwester, Verbündete, mein Gott! Sie war so jung. In Braunschweig fiel mir schon auf, wie dünn sie war. Sie fragte mich, ob ich mit Jan zusammen sei. Nein, niemals.

Es ist so weit. Aufnahmeprüfung an der Schauspielschule in Essen. Seit meiner letzten Bewerbung sind sechs Jahre vergangen. Ich fahre morgens um fünf Uhr mit einem geliehenen alten Ford los. Ich bin aufgeregt. Schmetterlinge und ein ganzes Bienengeschwader im Magen. »…I hope the Russians like their children, too…« Sting und ich. Ich tu mich einfach immer mit einem Musiker zusammen, dann kann gar nix mehr schiefgehen.

Ich verirre mich fast in den Gängen der Schauspielschule, die mich eher an ein Mädchenerziehungsheim erinnert als an ein künstlerisches Etablissement. Die Schüler und Schülerinnen sind durchweg schlampig angezogen. Sie strotzen nur so vor Tatendrang, und ihre Augen leuchten. Sie sprechen jedes Wort überdeutlich aus und lachen meistens zu laut oder einen Tick zu lang. Als wäre langes und lautes Lachen das richtige Lachen. Als wären große Gesten jetzt modern. Die Jungs sind kräftige Kerle, die anpacken können. Das tun sie auch. Sie schleppen Holzstühle und Tische durch die Gänge, damit sich die Neuzugänge auch mal hinsetzen können.

Als ich die schwarze Bühne sehe, werde ich sichtbar weniger. Wo ist mein Mut? Ich bin so allein! Nur zwei Scheinwerfer wärmen mich, ansonsten ist der Raum eiskalt. Ich sehe jedes Staubpartikelchen im Bühnenlicht.

Wie viele Bakterien wohl dabei sind? Es gibt sie nicht nur auf Arztkitteln.

»Was haben Sie denn für uns?« Eine Götterstimme im Off. »Antigone.« War das die richtige Parole? Hätte ich sagen sollen »Gretchen«? – »Na, dann mal los!«

Meine Stimme. Zu leise. Lauter! Jetzt ist sie lauter. Ich spiele. Um zu gefallen. Nicht, um zu zeigen, wer ich bin. Das habe ich noch nicht gelernt. Wie war ich? »Warten Sie draußen«, sagt die Götterstimme, nachdem sie mich bei der zweiten Rolle unterbrochen hat. Die Schule riecht nach Nachsitzen, stelle ich fest, während ich auf dem Gang von einem Fuß auf den anderen trete. Hier gibt's keine Sitzgelegenheiten. Ich hoffe und denke, dass … »Kommst du noch mal rein?« Plötzlich werde ich geduzt. Ich gehe noch mal in die schwarze Bühnenhöhle.

Drei Minuten später bewege ich mich schnellen Schrittes, schneller als gewohnt, über das Pflaster zurück zum Auto. Ich bin durchgefallen. Der Schuldirektor sagte, ich würde es nie schaffen. Ich sei kein Original (was ich ja schon weiß, seit ich Wrangler-Jeans trage). Ich solle das Ganze vergessen, denn ich hätte überhaupt keine Ausstrahlung. Was ist dann mit dem Wahnsinn in meinen Augen? Entweder der Mann ist blind, oder Gerhard hat mich von Anfang an angelogen. Alles, was dieser ältliche, steife, idiotische Direktor sagte, habe ich zur Kenntnis genommen, aber ich kann es einfach nicht glauben. Ich bin fast amüsiert. Ich werd's ihnen allen noch zeigen. Nach der Prüfung gehe ich richtig gut essen. Ich esse viel und feiere jetzt schon meinen zukünftigen Erfolg. Und den Frust schlucke ich auch gleich mit hinunter. Vielleicht wird niemals was aus mir. Vielleicht bin ich fürs Werden nicht gemacht. Vielleicht bin ich weltfremd und unfähig. Auf der Rückfahrt spiele ich »Hallölölöchen, hallo und entschuldigen Sie, ist das der Sonderzug nach Pankow.«

»Warum sagen Sie, Sie hätten die Erde geküsst, über die ich gegangen bin? Totschlagen müsste man mich ...« Tschechows »Möwe« lässt mich im Stich. Bei der nächsten Aufnahmeprüfung in Hannover falle ich knapp nach der ersten Runde raus. Ich war mir so sicher, dass ich weiterkommen würde.

Jetzt nehme ich Gesangsunterricht und mache Jazzdance. Manchmal muss ich mich zwingen hinzugehen. Aber ich will was für meine Schauspielzukunft tun. Ich tanze mein gesamtes Innenleben aus dem Leib. Danach bin ich leer und geläutert. Mein Tanzlehrer staunt. Ich mache Fortschritte. Das gibt mir Hoffnung.

Ich telefoniere mit Gerhard. Ich habe es lange genug hinausgezögert. Ich frage ihn, ob man Dinge, die man noch nie konnte, lernen kann. Man müsse hauptsächlich frech und unbescheiden sein und einfach machen, sagt er. Während er redet, kaut er und erwähnt nebenbei, dass er von Berlin nach Hamburg ziehen wird. Ich bin völlig geplättet. Das sind lächerliche einhundertfünfzig Kilometer von Hannover! Ich sehe mich schon, wie ich ihn besuche und wir unsere Freundschaft vertiefen. Oder ist sie das schon? Er sagt: »Ich muss mal pissen« und legt den

Hörer weg. Er lässt sich viel Zeit, und die Telefoneinheiten rasseln nur so rein. Irgendwann frage ich mich, ob er mich ganz vergessen hat und rufe ein mittellautes »Hallo« in die Muschel. Er ist unmöglich. Als er endlich zurückkommt, muss er schnell auflegen, weil er eine Besprechung hat. Ich bin stinksauer. Könnte platzen. Wie behandelt mich der Kerl eigentlich? Ich schreibe ihm in wenigen Sätzen, wie arrogant und unverschämt ich ihn finde. Am nächsten Morgen renne ich zum Briefkasten und will auf den Abholdienst der Post warten, um meine Anklageschrift gleich wieder mitzunehmen. Die Post wurde schon vor drei Stunden abgeholt.

Ich bin dick geworden. 63 Kg. Mir passen nur noch meine Jogginghosen. Ich kaufe mir keine anderen Klamotten, denn damit würde ich mich mit meinem Dicksein einverstanden erklären. Das wäre ja wieder Stillstand. Manchmal laufe ich abends in einem Anfall von Gier zum Kiosk und kaufe mir eine Tüte Chips, ein paar Schokoladenriegel, ein Eis und andere Sweeties. Die Kioske in Hannover sind genial. Es gibt sie an jeder Ecke. Und man kann nach Ladenschluss bis tief in die Nacht hinein alles kaufen, was man braucht. Das ist schlecht für mich, denn ich gehe immer öfter hin. In den paar Minuten, in denen ich esse, bin ich vollkommen glücklich. Dann schwöre ich mir, den ganzen folgenden Tag über nichts zu essen, um die Sünde auszugleichen. Aber am nächsten Tag wiederholt sich das Spiel. Ich will meine alten, geliebten Jeans wieder anziehen! Ach, ich wünschte, ich wäre magersüchtig!

Ich bin voller Essen. Ich versuche es mal wieder und stecke mir überm Klo den Finger in den Hals. Aber ich muss einfach nicht kotzen. Dieser Reflex funktioniert nicht. Wieso funktioniert der bei mir nicht? Lauwarmes Salzwasser bringt es auch nicht. Das heißt, sämtliche Schokoriegel, Käsebrote und Kuchenstücke bleiben in meinem Magen liegen. Wie eine Abfalltonne, die von der Müllabfuhr vergessen wurde, komme ich mir vor. Ich kann über meinen Körper nicht bestimmen. Und das regt mich auf. Ich habe mal einen Film über ein magersüchtiges Mädchen gesehen. Der Film war als Abschreckung gedacht, aber ich saß da und wünschte mir, ich könnte an ihrer Stelle sein. Sie konnte essen, so viel sie wollte, und nahm dabei kein Gramm zu. Sie war wunderbar dünn. Es gab Szenen, in denen sie vorm offenen Kühlschrank saß und alles kreuz und quer in sich hineinschob: süß, sauer, süß, sauer. Ich kenne das. Und eine halbe Stunde später konnte sie alles wieder loswerden. Und es war, als wäre nichts gewesen! Das kenne ich nicht. Die Gefahren, die in meinen Augen keine waren, kannte ich. Die hatte ich genauestens in Psychologie durchgekaut. Die hatten für mich null Bedeutung. Ich löffele einen Schokopudding mit Sahne. Ich will nicht mehr an meinen Würgeversuch denken. Für heute ist eh alles egal. Morgen ist ein neuer Tag. Morgen muss mein Körper endgültig mir gehorchen. So wie früher.

Aber ich bin ohnmächtig, komme mir vor wie ein zappelndes Insekt im Spinnennetz. Je mehr ich strampele, desto fester ziehen sich die Fäden um mich zu. Mir fällt auf, dass es mir seit Monaten nur noch schlecht geht. Wann habe ich zum letzten Mal so richtig herzhaft gelacht? Die Freunde um mich rum machen sich merklich rar. Sie wissen schon, dass ich mich nur noch um mich selbst drehe und sofort mit meiner Leidensgeschichte loslege, wenn sie mich fragen, wie es mir geht. Es hält tatsächlich keiner mehr mit mir aus. Ich kann es verstehen. Es wird nicht notwendigerweise besser, wenn man sich mit sich selbst beschäftigt. Es kann passieren, dass man in eine Endlosschleife gerät. Aber wenn man es nicht macht, kann es genauso übel enden.

Ja, ich will mich ändern. Ich will auch glücklich sein oder zumindest eine Ahnung davon kriegen, wie das ist. Vielleicht ist Glücklichsein zu viel des Guten. Mir würde schon das Ende der Getriebenheit reichen.

Tief atmend liege ich auf dem Boden meiner Wohnung. Der Schweiß rinnt mir aus allen Poren. An meinem Körper ist kein trockenes Stück Stoff mehr. Ich dampfe, und mein Herz galoppiert. Wenn ich nicht so fertig wäre, würde ich jetzt aufspringen vor Freude. Es ist ein Anfang! Ich halte durch! Ich atme ruhiger und schlucke den Speichel hinunter, der sich in meinem Mund angesammelt hat. Langsam drehe ich mich zur Seite und rangel mich hoch. Ich bin im Stadtpark fünfundzwanzig Minuten gelaufen, einschließlich der vier Stockwerke hoch zu meiner Wohnung. Ich bin eine Läuferin! Ich fühle mich großartig. Das Joggen ist mehr als nur eine körperliche

Anstrengung für mich. Wenn alle Läufer dieser Erde das Gleiche fühlen wie ich, dann müsste Joggen unters Betäubungsmittelgesetz gestellt werden. Ich renne einfach weiter, wenn ich meine, keine Kraft mehr zu haben. Ich spüre meine Beine nicht mehr, aber ich kann ihnen beim Laufen zusehen. Ich flippe nicht mehr so schnell aus, wenn ich regelmäßig laufe. Ich kann mich kontrollieren. Ich tue etwas aus eigenem Willen, und es macht auch noch Sinn. Als ich da so liege, in dem salzigen Wassergemisch, das ich produziert habe, wird mir klar: Es ist ein besseres Lebensgefühl, die Dinge selbst in die Hand zu nehmen. Ich will meine Höhenflüge erleben, wann, wo und wie *ich* will!

Nach der Dusche habe ich so viel Kraft, dass sie mir aus den Augen springt, aus den Ohren, aus dem Mund, aus den Händen, aus jeder Pore meines Körpers!

Ich laufe jeden Tag, und wenn es regnet, fahre ich mit einer Freundin zum Squashen. Das Leben hat wieder einen Sinn. Ich esse weniger. Doch die nächste Herausforderung wartet schon.

Ich gehöre jetzt zu einer Varieté-Gruppe. »Chapeau Claque« heißt sie. Viele schöne Schwule, die sich als Frauen verkleiden, Playback-Show, viel Glitter, Pailletten, noch mehr rotes Licht. Ich teile als Bunnyhäschen verkleidet mit Netzstrumpfhosen Bonbons aus und liege während einer Sado-Maso-Nummer von Queen mit drei anderen Mädels im Trockeneisdunst. Passend zu Freddy Mercurys Stimme macht der Sänger den Mund auf und zu, und wir rangeln uns an ihm hoch. Vor großen Auftritten lässt er sich regelmäßig Anabolika spritzen. Das Publikum, männlich und weiblich, reagiert dementsprechend begeistert. Wenn der Refrain »Love kills« kommt, peitscht er uns imaginär weg, und wir fallen gestreckten Körpers wieder in den Dunst. Dann geht das Hochrangeln von vorn los. Ich habe schon blaue Flecke. Im Trockeneis darf man auf keinen Fall durch den Mund atmen, sonst bekommt man einen Hustenanfall. Mir passiert das einmal, und ich denke, ich muss ersticken. Ich sage mir, dass das eine Form von Schauspielerei ist, bei der ich große Gesten üben und Hemmungen überwinden kann. Nur so kann ich dabeibleiben. Bei der ganzen Arbeit mit Auf- und Abbau, Proben und Reisen sehe ich keinen Pfennig Geld. Was reinkommt, wird in die neuen Nummern investiert, und einen Teil steckt der Chef ein, der auch schwul ist und mir ständig von seiner unglücklichen Liebe vorjammert. Dennoch bin ich gut drauf. Für die Bühnenauftritte zwänge ich schon mal meine Fülle in Bodystocking und Netzstrumpfhosen. Ich übe in meiner Wohnung, auf Pumps zu gehen und höre »Totales Paradies« dabei. »Der neue Himmel ist das Genlabor.« Es ist ein schwieriges Unterfangen für meine turnschuhverwöhnten Füße. Aber ich tue es: für meine Freiheit.

Ich nehme langsam aber sicher ab. Morgens Müsli und dann den ganzen Tag nichts mehr. Ich bin extrem diszipliniert. Ich glaube, ich bin in der Gruppe hauptsächlich deshalb anerkannt, weil ich von Gerhard erzählt habe.

Der Gruppenchef will, dass Gerhard als Stargast in unserer Show auftritt, und fragt mich, ob ich das nicht arrangieren möchte. Der spinnt wohl. Erstens kenne ich Gerhard gut genug, um zu wissen, dass er dazu keine Lust hätte, und zweitens würde ich mich schämen, wenn er unsere Show ansehen würde.

Könnte ich doch nur aus den Klauen des Arbeitsamtes raus! Sie haben mich zu einem furchtbaren Job verdonnert. Ich sehe mich schon jeden Tag von sieben Uhr dreißig bis sechzehn Uhr in dieser Uniklinik vor dem Computer sitzen. Es wird auf Computertechnik umgestellt. Alle Patienten der Klinik sollen jetzt per Computer erfasst werden. Aber doch nicht von mir! Ich sei dafür prädestiniert, da ich im Zehnfingersystem Schreibmaschine schreiben kann. Ich kann sogar Steno, aber das ist jetzt auch langsam out. Ich hüte mich, beim Vorstellungsgespräch zu sagen, dass ich den Job nicht will, weil sie mir sonst das Arbeitslosengeld streichen würden. Also sage ich »ja« und »amen«. Ich sitze in der Klemme. Wenn ich das mache, werde ich oberflächlich und bräsig. Das will ich auf keinen Fall. Auf dem Heimweg höre ich Gerhard auf dem Walkman: »Ich bin beim Bund, ich bin ja so ein armer Hund ...« Wo geht es hin für mich? Zu Gerhards Panikfamilie gehöre ich zwar inzwischen, aber viel zu wenig. Das Gefühl, stets ein Stück außen vor zu sein, scheint aber auch deshalb so zu dominieren, weil ich glaube, noch immer nicht ganz in mir drin zu sein. Auf der Bühne kann ich manchmal ahnen, wie sich das anfühlt. Dann flutscht das neue erfüllte »Ich« durch mein Bunnykostüm in mich rein, macht eine Umdrehung im Bauch und flutscht wieder raus. Eine Frau um die fünfzig sitzt mir gegenüber und schaut mich an, sieht, wie ich schniefe. Sie steigt aus und reicht mir ein Tempotaschentuch mit den Worten: »Alles wird besser. Sie müssen nur vertrauen. Beten Sie!« Okay. Ich fange an zu beten.

Schon ein paar Mal ging dieselbe Frau an Gerhards Telefon. Auch jetzt wieder. Meldet sich mit »Hallo, Maggie bei Lotus«. Ich erkenne sie an der Stimme. Sie sagt, er kommt erst morgen Abend nach Hause. Aber was macht sie dann dort? Ich kann mir nicht vorstellen, dass sie da wohnt. »Think big.« Das bedeutet sicher auch, Besitzansprüche zu mindern. Think big kann mich mal.

Die Uniklinik muss nun doch auf mich verzichten, weil ich mich vorübergehend bei einem Kleinanzeigenblatt anstellen lasse. Das ist das kleinere Übel. Ich lese den Arbeitsvertrag nach versteckten Gemeinheiten durch. Sobald ich was unterschreiben muss, kriege ich die Krise. Ich fühle mich sofort gefangen, eingeschränkt oder über den Tisch gezogen. Ich darf nicht einfach spontan wegbleiben, um mit Gerhard auf Tour zu gehen oder zum Erholen an den Timmendorfer Strand zu fahren, wo er neulich erst war, und Miss Wichtig-und-Frei zu sein. Später kommen geht auch nicht. Den Computerfritzen in der Uniklinik kann ich guten Gewissens absagen. Soll'n sie doch selber vor ihrem Bildschirm ganz Deutschland erfassen, da haben sie die nächsten Jahre viel zu tun. Ohne mich.

Wir sind im Rieckhof in Hamburg-Harburg. Gestern ist Georg Danzer hier aufgetreten. Vielleicht hat er ja den Song gesungen, der von mir handelt. Ich bin stolz und aufgeregt, auf einer großen Bühne zu sein, vor allem, weil es die Bühne ist, auf der Georg Danzer stand.

Hamburg, das ist jetzt für mich Gerhard, so wie früher Berlin für mich Gerhard war. Vom Produktionsbüro hinter der Bühne aus rufe ich ihn an. Er ist jetzt in Pöseldorf sesshaft geworden. Ich weiß gar nicht mehr genau, wie er aussieht. Je mehr ich mich anstrenge, mir sein Gesicht vorzustellen, umso löchriger und verschwommener wird es. Wenn ich ihn nicht erreiche, werde ich vorerst mit dem Loch in seinem Gesicht leben müssen.

Er ist zu Hause! »Hier ist Maria,« Er freut sich. »Maria aus Bahia, bist du in Hamburg? Komm doch vorbei, 'n Teechen trinken!«

Ich muss mit dem Taxi nach Pöseldorf fahren. Die S-Bahn wäre einfach nicht standesgemäß. Gerhard wohnt in einem richtigen Haus mit Klingelschildern. Ich klingele bei »Club Geheimrat«, und Alex macht mir auf. Ja, ja, man kennt sich noch! Die Wohnung ist überwältigend. Metallblauer Teppichboden, hellblau marmorierte Wände, Spiegel überall. Alles wirkt großzügig und weit. Die

Begrüßung kommt mir vor wie ein heiliges Versöhnungs-
ritual nach jahrelangem Hader vor. Gerhard lässt mich
gleich gar nicht mehr los. Er will wissen, wann wir uns
zum letzten Mal gesehen haben. Ich sage: »In Braunschweig.« – »Ja, das ist eine Ewigkeit her.« – »Na ja, wenn
du immer so komische Vögel dabei hast!« Er meint Jan.
Auf den war er immer schon eifersüchtig. Er findet, dass
ich absolut »süß und lecker« aussehe. »Findest du mich
nicht zu dick?« – »Nein, du bist weiblicher geworden. Das
ist doch toll, Kleene«.

Eine Frau steht plötzlich mitten im Flur. »Ich geh jetzt
also«, sagt sie. Es ist die vom Telefon. Sie mag so alt sein
wie ich, trägt eine Leopardenhose und hält ein Geschirr-
handtuch in der Hand. Sie hängt ein Jackett von Gerhard
auf einen Kleiderbügel. Wie sie seine Sachen anfasst! Sie
wusste, wann er zurückkommt. Wahrscheinlich weiß sie
auch, wann er wieder geht. Dieser Wissensvorschuss ist
nicht gut für mein aufblühendes Selbstbewusstsein. Aber
ich sage mir: Du kannst entweder Gerhards Geschirrhandtuchsfrau sein oder eine Verbündete, die selbst was
werden will. Das gefällt meinem Selbstbewusstsein nun
wieder besser.

Jetzt ist sie weg. »Schampi?« Auf jeden Fall. Der ganze
Kühlschrank ist voll davon. Sonst ist nichts drin, nur
Champagner. Der Korken knallt, und Gerhard führt
mich in den »Club Sehnsucht«, das ist sein Schlafzimmer.
Wir sehen uns von allen Seiten im Spiegel. Ich möchte
mich in seine Arme einschweißen lassen. Ich lerne sein
Gesicht auswendig, den fragenden, visionären, abgeklär-

ten Popstarblick, bin verrückt nach dem Gefasel über unsere geile Komplizenfreundschaft, an der ich mich festhalte wie der Teufel an der armen Seele. Ich möchte ihn, sein ganzes prickelfittes Gejucke inklusive seiner »Firma Weltweit« behalten und eintüten. So schön ist es. So sehr baut es mich auf.

Auf die Frage, wie mir Hamburg gefalle, sage ich »grandios«, dabei kenne ich bis jetzt nur den Rieckhof in diesem grässlichen, verfallenen Harburg. »Warum kommst du dann nicht hierher?« – »Ja, warum.«– »Was hält dich denn noch in dem langweiligen Hannover? Da ist doch sowieso nix los.« Gerhards Nasenlöcher beben, und er zupft an seinen sinnlich-gefräßigen Lippen. »Meine Freunde.« Und ich frage mich ernsthaft, ob ich dort wirklich Freunde habe. »Freunde kannst du auch hier haben.« Man müsse flexibel sein, locker. Mit Bedenkenträgerei geht nix voran, höre ich. Damit beweist er einmal wieder, dass er das Gegenteil von allem ist, was mir eingeimpft wurde. Kein Wunder, dass ich immer wieder hinmuss, um mir eine Ladung Gerhard abzuholen. Er fragt mich, was er bei der TV-Show in Wien anziehen soll. Wir veranstalten eine kleine Modenschau.

Am nächsten Tag trägt er während des Auftritts genau die Klamotten, die wir ausgesucht haben. Ich sitze in Hannover vor dem Fernseher und freue mich wie ein Schneekönig, dass er bei dem Outfit geblieben ist. Ich höre Hamburg deutlich nach mir rufen, die Stadt ohne Bedenken.

Bei »Chapeau Claque« höre ich auf. Die Show wird immer peinlicher, und Geld gibt es immer noch keins. Es ist nur schade um die tollen Live-Gesangsnummern, die wir einstudiert hatten. Die waren hitreif.

Ein Zehn-Sekunden-Talk am Telefon mit Gerhard. Wir verabreden uns für Samstag. Ich denke viel an Hamburg. Marion, eine Bekannte aus Hannover, ist nach Altona gezogen. Ich kann übers Wochenende bei ihr wohnen. Sie nimmt Schauspielunterricht, und ich bewundere sie für ihren Mut. Einzelunterricht ist teuer.

Ihr Telefon in ihrem Flur übt magische Anziehungskräfte auf mich aus, aber ich weigere mich, es zu benutzen. Gerhard will mich unter ihrer Nummer anrufen. Deshalb muss ich hierbleiben. Deshalb hat man beim Warten auf einen Rückruf immer die Arschkarte. Ich habe einmal probiert, Gerhard dazu zu bringen, mich in einer Musikkneipe anzurufen. Da stand ich dann den ganzen Abend eingequetscht zwischen Mülleimer und Klo, das linke Ohr in Habachtstellung auf das Telefon ausgerichtet. Es klingelte aber nicht. Ich ging als letzter Gast mit Halsverspannungen nach Hause. Danach, es muss halb drei gewesen sein, rief er an und quatschte mit der Putzfrau.

Gerade plagt mich eine Erkältung, die ich bis zum Treffen mit Gerhard mit Salbeitee loskriegen will. Marion probt im Nachbarzimmer ihre Rolle, macht Stimmübungen. Sie nervt einfach mit ihrer streberhaften Zielstrebig-

keit. Sie quiekt und röhrt, klackt und gurrt. Schmeißt
»Pahs«, »Tehs« und »Hahs« an die Wand. Sagt Gedichte
auf, die keinen Sinn ergeben, betont den Unsinn extra. So
ergibt er auf irgendeine Art doch wieder Sinn. Ich starre
auf die Wähltasten. Aus scheinbar Unsinnigem was
machen, Bedeutung finden, in allem. Das soll man als
Schauspieler. Vielleicht auch als Mensch.

Telefonschweigen. Halb zwölf ruft Gerhard endlich an:
»Tut mir leid, Kleene, hier war so viel Business, und jetzt
sind wir immer noch am Besprechen. Ruf doch morgen
noch mal an, okay? Schlaf schön.« Und damit küsst er
mich durchs Telefon. Morgen also. Ich muss nach Hamburg ziehen.

Es ist viel los bei Gerhard. Viel Besuch, viele Frauen,
aber auch Männer – eine kleine, private Adventsfeier, wie
er es ausdrückt. Er quetscht sich hinter mich auf meinen
Stuhl und umarmt mich. So sitzt er mit mir zwischen all
den anderen wie eine Känguru-Mutter, die ihr Junges im
Beutel hat. Solange er bei mir ist, kann um mich herum
die Welt einstürzen. Es interessiert mich nicht. Ich muss
um nichts kämpfen, und meine Erkältung ist weg.

Das Adventskränzchen verschwindet bis auf Tanja, auf
die ich überhaupt nicht eifersüchtig sein muss, so stroh-
doof ist sie. Sie ist seit Neuestem seine Sekretärin und
notiert sich Gerhards Anweisungen in ein Schulheftchen,
das aussieht, als habe sie es von der ersten Klasse bis
heute aufgehoben. Sie räumt nicht auf, was sie soll, sondern sitzt da, mit ihren langen, roten Haaren, und lackiert
sich die Fingernägel. Dafür kassiert sie pro Tag ganze

zweihundert Mark und auf Tour dreihundert. Sie macht nicht mal Klarschiff, als Gerhard sie deswegen anmotzt.

Während Tanja mit ihrem Notizheftchen arbeitet, schlafen Gerhard und ich miteinander. Dies ist die top secret, very special Adventsfeier, nur für Gerhard und mich! Wir sind zwei Engel, die einander die »Frohe Botschaft« verkünden.

Danach joggen wir fünfundzwanzig Minuten die Alster entlang. Es ist stockdunkel; ich habe keine Turnschuhe dabei, trage ganz normale Straßenschuhe. Ich komme mir vor wie ein Trottel. Ich bin länger nicht mehr konsequent gelaufen, und schon gar nicht im Dunkeln, aber Gerhard läuft nur in der Nacht – inkognito, wegen der Leute. Er ist ziemlich schnell und will sich dabei auch noch mit mir über die Vorteile von Hamburg unterhalten. Ich keuche ihm spärliche Antworten rüber, bloß nicht schlappmachen!

Danach dusche ich und hülle mich in einen seiner Bademäntel. Er ist dunkelblau. Gerhard kommt rein und reicht mir die Hand. »Darf ich zum Tanze bitten?«, fragte er, und mit einer majestätischen Verbeugung starten wir den Lotusblütentanz im Bad. Wir sind das Traumpaar des Abends.

Ich denke ständig an den Sekretärinnenjob. Termine machen, tippen, Gerhards zweites Gehirn sein, das könnte ich alles. Ich habe eh Gedanken für zwei. Er fragt mich, ob ich es denn aushalten könne, wenn ich ihm für seine Ficks die Kondome besorgen müsste. Ich lüge »na klar«, weil ich locker sein will. Seelenstress ist für die Erfolgsfirma »Lotus Weltweit« nicht angesagt. Gerhard braucht für den Job eine Frau, die sich nichts aus ihm macht und von der auch er nichts will, also ein Neutrum. Ich ziehe meine Job-Bewerbung zurück.

Weihnachten bin ich wieder in meinem Heimatort. Ich langweile mich. Ständig werde ich nach Gerhard gefragt. Ich kann sogar was erzählen, aber es befriedigt mich nicht mehr. Wenn ich vom Jazzdance erzähle, wird nur genickt und das Thema gewechselt. Keiner weiß, wofür Jazzdance gut sein soll. Meine Eltern gehen davon aus, dass ich mich mit Gerhard zum Teetrinken treffe. Stimmt ja auch. Manchmal gibt es auch Tee dazu. Vielleicht ahnen sie, dass das nicht alles ist, aber sie reden nicht darüber. Ich habe Angst, für sie nicht mehr das anständige Mädchen zu sein, das ich doch im Grunde noch immer bin. Aber das würde mir niemand mehr glauben, würde ich reden.

In einer Woche geht es zur Aufnahmeprüfung an der Schauspielschule in Hamburg. Ich übe meine Rollen in allen Schattierungen: wütend, leise, lachend, flüsternd. Unter der Dusche, im Lebensmittelladen, auf dem Fahrrad, als Kind, als Dirigentin, als Nonne, als Bettlerin. Auf einmal kriege ich Power. Ich kann alles erreichen, was ich will. Ja, das Leben ist eine Wundertüte.

Am nächsten Tag schlägt meine Verfassung ins komplette Gegenteil um. Ich liege den ganzen Tag im Bett und will nie wieder aufstehen. Das Einzige, was ich tun kann, ist fernsehen. Der Einzige, der anruft, ist mein Exfreund Christian. Ausgerechnet Christian!

In Hamburg ist das Prüfungssystem hart, aber ungerecht. Wenn man nach dem Vorsprechen nicht mehr reingerufen wird, heißt das, man ist durchgefallen. Von den neunhundert Bewerbern werden die meisten nicht wieder reingerufen. Ich auch nicht. Die Welt stürzt nicht ein, denn ich fahre zu Gerhard. Er wohnt ganz in der Nähe.

»Mich haben sie auf der Trommlerschule auch nicht genommen. Um ein Star zu werden, braucht man nicht auf die Schule. Du musst nur davon überzeugt sein, dass du die Beste bist. Dann überzeugst du auch die anderen.« Für eine solche Lebenseinstellung ist dies die richtige Stadt.

Ich weiß jetzt hundertprozentig, dass ich nach Hamburg ziehe. »Ich gratuliere dir zu deiner vernünftigen Entscheidung«, grinst Gerhard. Ich trinke meinen Champagner viel schneller als er. Ich könnte mich besaufen, bis ich umfalle. Gerhard klimpert auf dem Klavier: »I just met a girl named Maria ...« So was darf er nicht machen, ich bin so süchtig nach ihm. Später feiern wir an der Bar weiter. Es gibt immer einen Grund.

Seit ich weiß, dass meine Tage in Hannover gezählt sind, fühle ich mich plötzlich wohl. So, als wäre eine Ruhe eingekehrt, die Ruhe nach dem Sturm, die Ruhe, die der

Geruch von nassen Straßen nach einem Sommergewitter ausströmt. Ich verabschiede mich jeden Tag mehr von Hannover, die Stadt, in der ich vieles gelernt habe. Vor allem: Hochdeutsch.

Mein Hausarzt und neuerdings Psychotherapeut, Karl, hilft mir bei der Kündigung meines Zeitungsjobs, so dass ich Arbeitslosengeld bekomme. Karl trägt Lederhosen, wie Gerhard, und neben seiner Arbeit in der Arztpraxis singt er psychosoziale Lieder in einer Band. Von dem Kind, dem verboten wurde zu schreien. Er arbeitet so gewissenhaft, dass seine Therapie ziemlich oft über das normale Maß an Anteilnahme hinausgeht. Ich weiß nicht, was er mit anderen Frauen macht, aber ich stehe fast nach jedem Termin knutschend mit ihm im Sprechzimmer. Es ist angesagt, dass man mit seinem Therapeuten ein inniges Verhältnis hat. Die Sprechstundenhilfe stört uns gar nicht. Sie geht an uns vorbei und legt die Karteikarten der Patienten auf den Schreibtisch. Sie verzieht keine Miene. Karl meint, es sei sicher gut, wenn ich mal in seine Gruppentherapie kommen würde, weil bei mir doch ganz schön viel im Argen läge. Und da ich schon lange auf die Gelegenheit gewartet habe, endlich mal ans »Eingemachte« meiner Psyche zu gehen, sage ich zu. Außerdem muss ich mich seelisch für Hamburg fit machen.

Die Therapie beginnt für mich mit einem Bioenergetikwochenende auf dem Land, mit fließendem kaltem Wasser und vegetarischer Verpflegung. Ich stehe im Kreis meiner Mitklienten und soll ständig mit dem Fuß aufstampfen und »nein« brüllen. Ich müsse Neinsagen lernen, sagt er. Ich hätte nicht gedacht, dass mir das so schwerfällt. Nach den Sessions findet unter den Frauen ein lautloser Konkurrenzkampf statt. Jede will in der Nacht den Schlafplatz neben Karl ergattern. Ich lande mit meinem Schlafsack am Fußende einer Frau um die vierzig. Sie hat sich in der ersten Minute in mich verliebt und nutzte die Gruppenstunde, daran zu arbeiten, dass ich ihre Zuneigung nicht erwidere. Sie erklärt, dass sie überhaupt nicht mit mir klarkommt. Ich will damit nichts zu tun haben. Ich bin hierhergekommen, um klarer, nicht um konfuser zu werden. Karl hat sich's mit Gisela in der Ecke des Schlafsaals gemütlich gemacht. Ich kann kaum schlafen, weil der Boden so verdammt hart ist und Karl raunende Töne der Lust von sich gibt.

Am Morgen sind Giselas Beine blutverschmiert, und sie hat es furchtbar eilig, ins Badezimmer zu kommen. Ich glaube, sie hat gemerkt, dass es nicht so günstig ist, an einem Therapiewochenende mit dem Therapeuten rumzusexen, wenn man seine Tage hat. Karl, cool wie immer, hat alles unter Kontrolle. Sex mit Klienten, kein Problem.

Das Thema »Gerhard und Ich« ist dermaßen Teil meiner Selbst geworden, dass ich überhaupt nicht auf die Idee komme, darüber zu reden.

Gerhard ist ein Arschloch. Wir waren in Hamburg verabredet, und er ist nicht da. Später ist er da, aber kurz angebunden, und er faselt was von »keine Zeit« und »man sei ja flexibel«, und »es macht ja nichts«. Er hat ein Mädchen bei sich. Ich höre es in seiner Stimme. »Ruf doch morgen noch mal an.«

Und weil der Herr und Meister es sagt, rufe ich morgen noch mal an. Dabei wollte ich »nein« sagen. Ich bin von mir selber genervt. Warum gebe ich nicht endlich zu, dass ich für diese »Offene-Zweier-Mehrfach-Nicht-Beziehung« nicht geeignet bin? Was suche ich bei ihm? Ich komme nicht von ihm los. Ich will nicht von ihm los. Jedes Mal ist der Himmel voller Geigen, wenn ich ihn nur ahne, sehe, berühre. Als wäre er eine Allroundlösung. Als würde er diesmal ganz gewiss sagen: »Also, Maria aus Bahia, nach langem Suchen ist mir klargeworden: Du sollst meine Göttin sein.« Nächstes Mal werde ich sagen: Leck mich am Arsch, Alter! Fick doch die andern!

Jetzt sitze ich in seiner Wohnung; er wandelt wie ein Geist durch die Räume, barfuß, hat jetzt ein drahtloses, schnurloses Telefon. Wenn er nicht telefoniert, redet er mit den beiden Typen, die auch dasitzen und auf jede Regung von ihm reagieren. Oder er sinniert. Oder er streicht mir über die Wange. Er küsst mich nicht, weil er meint, ich sei zu liebesgefährdet. Idiot! Ich schwöre mir in diesem Augenblick, ihm nie mehr zu sagen, was ich für ihn empfinde. Ich werde ihn nur noch als Sexobjekt benutzen. Oder ihn verhungern lassen.

1986. Hamburg. Ich habe ein Zimmer in einer WG gefunden: zwölf Quadratmeter Deutschland, direkt an den Landungsbrücken. In zwei Monaten kann ich einziehen. Ich laufe mit meinem Sony Walkman an der Elbe entlang und könnte explodieren vor Freude! »Sledgehammer« von Peter Gabriel. Der Wind zerrt an meinen Haaren. Zerr nur, Wind, verwüste mich, ich habe nichts aufzusparen! Ich könnte alle Menschen umarmen. Ich lache laut, ich singe mit Peter. Ich bin so froh, dass ich mich nicht umgebracht habe. Es wäre Verschwendung reinster Abenteuerfreude gewesen. Hier wird alles gut, ich weiß es.

An den Fischbrötchen-Ständen wird gerade ein Film gedreht. Ich sehe gleich, dass es ein »Tatort« ist, ich erkenne es auf der Klappe. Es kommt die Zeit, da werde ich Filme drehen. Mir wird heiß bei dem Gedanken. Alles hier scheint mich willkommen zu heißen. Ein paar Tauben versperren mir den Weg zur Pommesbude. Ich hab sowieso keinen Hunger.

Oliver kenne ich von der Aufnahmeprüfung in Hamburg. Er hat sie auch nicht geschafft, probiert es weiter. Wie ich. Weiter machen. Jetzt ist er auf einer Privatschule, und wir gehen zusammen zu einer Theaterpremiere ins

Schauspielhaus. Auf der Feier danach sind alle Schauspieler unheimlich fröhlich, obwohl das Stück ausgebuht worden ist. Ausbuhen oder Applaus. Es scheint egal. Es ist Kunst. Oliver stellt mich den Schauspielern vor. Die Leute haben offenbar noch nicht bemerkt, dass sie nicht mehr auf der Bühne sind, denn sie gestikulieren genauso groß und wild mit ihren Armen durch die Gegend wie vor zwei Stunden. Die meisten sind schon betrunken. Ich kann mich der Anziehung dieser Menschen nicht entziehen. Sie atmen keinen Sauerstoff. Sie atmen Ruhm.

Sylt ist kalt. Es ist Mai, und ich friere, so dass ich mir alle Pullis, die ich eingepackt habe, übereinander anziehe.

Ich lerne Heidi kennen. Sie ist die beste Masseurin der ganzen Insel. In ihrer Massagepraxis heule ich mir auf der Sonnenbank meine ganzen Liebesschmerzen der letzten Jahre von der Seele.

Ich weiß auch nicht, warum ich so viel weinen muss. Vielleicht, weil ich es so satthabe, immer die gleichen Fehler zu machen. Oder vor Freude, dass mir ein neuer Anfang in einer großen Stadt bevorsteht. Oder aus Angst, dass es mir irgendwann gleichgültig sein könnte, was aus mir wird. Ich weine tagelang wegen jeder Kleinigkeit. Wenn der Toast beim Frühstück in meiner Billigpension zu kalt ist, weine ich, weil ich mich schlecht behandelt fühle. Wenn ich beim Einkaufen freundlich bedient werde, weine ich wieder, weil ich mich so freue, dass jemand nett zu mir ist. Ich höre auf mit Nägelkauen.

Hamburg begrüßt mich im Regen. Ich habe vier Kilo abgenommen und bin siegessicher.

Gerhard und ich trinken den ganzen Nachmittag Champagner. Er spielt mir seine neuen Songs vor und komponiert vor sich hin. Wir singen. Unsere Stimmen harmonieren einfach. Ich fühle mich bei ihm, als wär ich zu Hause angekommen. Er sagt: »Du bist ja ganz schön musikalisch.« Endlich merkt er das auch mal. Mein Glas ist schon wieder leer, und ich gehe in die Küche, um Nachschub zu holen.

Da steht die Geschirrhandtuchsfrau. »Hi«, sagt sie. »Maggie.« Ich hole den Champagner aus dem Kühlschrank, und sie bügelt. Ich schäme mich vor ihr. Ich möchte nicht wissen, wie viele Mädchen sie hier schon hat aus- und eingehen sehen. Zumindest hat sie nichts mit Gerhard. Ich frage ihn direkt, und er sagt »nö«. »Bist du sicher?« Auf unwichtige Fragen antwortet er nicht.

Wir warten, bis Maggie weg ist. Dann verbarrikadiert er das Zimmer, indem er den schweren Ledersessel vor die Tür stellt. Wir sind abgetrennt von der restlichen Bevölkerung dieser Erde! Hier bleiben wir für die Zeit einer Weltraumbesichtigung. Aber dann rufen irdische Pflichten, und wir beantworten zusammen die Fanpost. Manche Mädchen schicken Passfotos von sich mit und möchten ihn kennenlernen. Mehrere schicken sehnsuchtsvolle Texte oder laden Gerhard auf ihre Partys nach Hintertupfingen ein. Gerhard sagt, er verlange jetzt von allen

Mädels, dass sie ein Foto mitschicken. Ohne Foto kein Autogramm. Dann spinnt er weiter, dass nur die hübschen Post von ihm bekommen. Ich fange wieder an zu singen, weil ich so glücklich bin. Diesmal »Memories« von Barbra Streisand. Irgendwann meint Gerhard, dass er mich in den Keller sperren würde, wenn ich nicht gleich aufhöre.

1987. Aufnahmeprüfung an der zweiten Schule in Hamburg. Tschechows *Möwe* habe ich schon abgeliefert. Gesungen und getanzt habe ich auch schon. Jetzt stehe ich in einer Zehnergruppe in der rechten hinteren Ecke des Saales. »Stellt euch mal vor, ihr seid in einem Gebäude im achtundvierzigsten Stock, und der Aufzug bleibt stecken. Seid originell, denkt euch was aus. Ihr habt fünf Minuten Zeit!« So lautet die neue Aufgabe.

Das ist was für mich. Jetzt kann ich endlich und guten Gewissens meine ganzen Beklemmungen positiv nutzen. Die anderen spielen schwanger oder alte Oma oder hysterische Ziege. Oder »verliebtes Pärchen«, das während des Stopps ganz wild aufeinander wird.

Ich bin die korrekte Sekretärin in Feinstrumpfhose, die immer beherrscht ist, immer den Schein wahrt, nie ihr wahres Gesicht zeigt. Die, die keiner kennt. Aber im Aufzug, im stecken gebliebenen, dreht sie durch. Sie kämpft gegen das Ungeheuer in ihr, das unerhörte, unerlaubte. Soll sie es rauslassen? Jetzt wäre die Gelegenheit! Die harmlosen Vorboten sind schon mal ein paar gesalzene Tränen. Dann bilden sich unzensierte, grelle Töne in ihrer Kehle. Die hat sie nie zuvor gehört. Sie schreit! Sie hält sich an ihrer Handtasche fest. Sie hält sich an ihrem Nachbarn fest, oh! An einem wildfremden Mann, der wie sie verzweifelten Blickes auf die Entwarnung aus dem Lautsprecher wartet. Oder darauf, dass sich der Fahrstuhl wieder in Bewegung setzt. Sie zappelt und tobt. »Okay, gut, ihr könnt aufhören! Danke!«

Ich bin an der Schauspielschule angenommen! Ich wusste, dass Hamburg mir Glück bringt. Ich erzähle es jedem, und alle müssen sich mit mir freuen. Selbstverständlich fahre ich sofort zu Gerhard. Wir machen einen Relax-Nachmittag. Wir feiern meinen Start an der Schauspielschule mit einem Gläschen Moët Chandon und verbringen die meiste Zeit auf der großen Spielwiese im »Club Sehnsucht«. Ich liege auf seinem Männerarm. Wir reimen: »Ich trage oben ein Hütchen und unten ein Tütchen.« Ich verdränge den Gedanken an all die anderen Frauen, die schon mit oder ohne Tütchen in diesem Lotterbett gelegen haben. Er erzählt, dass ihm ein Mädel beim »Pralinenspiel« in die Lippe gebissen hätte, so fest, dass es blutete. Dabei schaut er mich ungläubig an, als könne er kaum fassen, dass ihm so etwas passiert. »Soll ich dich jetzt trösten oder verarzten?« Ich bin sauer. »Jetzt bitte kein Zickenkrieg.« – »Warum erzählst du mir's dann?« – »Ich wollte es nur erwähnt haben,« sagt er einlenkend. Was er sich rausnimmt, ist ungeheuerlich. Ich wünschte, ich könnte mich an ihm rächen.

Dann bastelt er an einem neuen Liebessong: »Ich lieb dich überhaupt nicht mehr ...« »Wie findste das, Kleene? Findste gut, ja?« Ich weiß, dass das ein Hit wird.

Einige Tage später fahre ich mit Gerhards Gitarristen, Florian, und dessen durchgedrehter Freundin Renate nach Göttingen aufs Open Air. Als wir ankommen, kleben mir die Klamotten am Körper und die Zunge am Gaumen, so heiß ist es. Heute ist Gerhard wieder hauptberuflich Popstar, verbreitet Ehrfurcht, und sein Gefolge liest ihm jeden Wunsch von den Augen ab. Gerhard ist mir so vertraut, dass ich ganz ruhig dasitzen kann. Was zwischen uns ist und war, kann mir keiner mehr wegnehmen. Das bleibt für immer.

Renate hängt ihre Brust halb auf den Tisch. Das müsste sie gar nicht, weil man durch ihre schwarze Spitzenbluse sowieso alles sieht. Sie zeigt so viel von sich, dass keiner mehr hingucken will. Keiner, bis auf Florian. Kokett schmeißt sie sich an Gerhard ran. Er macht eine Handbewegung, als wolle er ein Baby mit vollen Windeln von sich weghalten, um nicht nass zu werden. Er rückt seinen Hut zurecht und versteckt sich wieder hinter der Sonnenbrille.

Ein Fan kommt. Sie steht vor ihrem Star, wie ich wohl vor ihm gestanden haben muss. Ich weiß sofort, was mit ihr los ist. Sie schaut verängstigt und erwartungsvoll in die Runde. Ich bringe es nicht fertig, mit ihr zu reden. Ich schaue an ihr vorbei. Da musste ich auch durch! Sieh zu, wie du zurechtkommst. Gerhard geht mit ihr von der Terrasse, auf der sich in der Zwischenzeit auch Roger Chapman und seine Crew eingefunden haben.

Wo ist Gerhard mit dem Mädchen hin? Meine Ruhe ist vorbei. Bassist Charly Checker kommt, und hinter ihm Nadja, seine neue Freundin. Ich sehe gleich, dass Nadja körperlich, geistig und seelisch mit Charly beschäftigt ist. Ich unterhalte mich mit ihr, und wir verstehen uns sofort. Ihre Zeit mit Gerhard hat sie schon hinter sich. Sie sieht aus wie eine Mischung aus Nastassja Kinski und Nina Hagen. Ich finde sie so schön, dass ich sie immer wieder ansehen muss. Charly geht es wohl auch so. Sie ist seine Geliebte, und das soll sie auch bleiben.

Wir stehen während Gerhards Auftritt auf der Bühne hinter den Boxen. Ab und zu holt sich Gerhard zwischen den Songs einen Schluck Champagner bei mir ab, oder er wirft einen Blick in meine Richtung, dass ich vor Freude in die Luft springen könnte, weil ich seine Verbündete bin. Das Konzert geht mördermäßig gut ab. Das Publikum tobt. Von oben kann ich sehen, wie sich über denen, die am meisten tanzen und schwitzen, ein Dunstnebel gebildet hat; sie verdampfen! In der ersten Reihe, dort, wo die Absperrungsbarrikade vom »Graben« – der Lücke zwischen Bühne und Zuschauerraum – in die Magengrube quetscht, stehen, wie immer, junge Kerle, die aussehen wollen wie Gerhard. Sie haben die gleiche Frisur wie er, sie kleiden sich wie er und haben ihre Arme mit dem Wort »Panik« beschriftet, wie Gerhard zu früheren Zeiten. Haben sie noch nicht gesehen, dass er das nicht mehr macht? Sie stoßen ihre Fäuste in die Luft, als er mit den alten Granaten-Hämmern losrockt: Honky Tonky Show! Und abends läuft die Honky Tonky Show …

Ein Mädchen fällt in Ohnmacht. Ich weiß nicht, ob sie das aus Liebe zu ihm oder wegen der Hitze getan hat. Sie verdreht die Augen und wird von den Ordnern aus dem Gedränge gezogen wie ein toter Fisch aus dem Wasser. Zwei Sanitäter sind gleich zur Stelle. Aber fünf Minuten später ist sie schon wieder fit, und ihre Faust reckt sich der Bühne entgegen. Eine andere, zehn Meter weiter, kann ihre ermüdeten Arme nicht mehr oben halten. Sie redet ganz verzweifelt auf den Ordner vor ihr ein, dass er sie auf die Bühne lassen soll. Gerhard sieht es und holt sie hoch. Sie kann sich kaum auf den Beinen halten und starrt ihn nur an. Er singt gerade einen langsamen Song, legt seinen Arm um ihre Hüfte. Sie lässt es geschehen, unfähig zu einer Reaktion. Ihre Augen sind völlig apathisch auf sein Gesicht gerichtet. Dann muss sie wieder runter, und die Ordner stopfen sie zurück in den brodelnden Kessel.

Gerhard ist gut in Form. Er singt, kreischt, schwitzt, tanzt, redet, verschwendet sich, ohne auch nur einen Bruchteil seiner Power zurückzuhalten. Nina Hagen ist auch da. Sie brüllt mir ins Ohr: »Gerhard ist ein ganz wichtiger Mensch auf der Erde. Wir haben die tele-pathische Verbindung!« Sie tanzt und klatscht und feiert seine Show. Bei der letzten Zugabe singt sie mit ihm auf der Bühne »Good bye, Johnnie«. Sie kennt den Text nicht so genau, deshalb muss sie improvisieren.

Nach dem Gig gehen wir in die angrenzende Halle. Ich treffe Jan, und wir fallen uns um den Hals. Doch, er ist ein guter Freund. Er ist wieder mit Jennifer Rush unterwegs. Er sagt: »Na, wieder on the road, Angeilika?« – »Idiot«, sage ich. Dann laufe ich einem Journalisten aus Hannover über den Weg. Er ist jetzt bei SAT 1 und will ein Interview mit Gerhard. Er ist schwer beeindruckt, als ich mit Gerhard in den Catering-Room gehe. Ich verliere ihn in dem ganzen Backstage-Chaos. Mit Gerhard öffentlich unterwegs zu sein ist Speed-Lifting fürs eigene Künstlerego. Ich kann mich schon mal dran gewöhnen, wie es später sein wird. Wenn ich reich und berühmt bin. Im Hintergrund höre ich Roger Chapman röhren.

Wieder Mädchen. Überall, wo ich hinsehe, diese lästigen Weiber! Die eine, die aussieht, als sei sie eben vom Strich gekommen, fragt mich, ob ich ihr mal meinen Puder leihe. Ich hab keinen, und wenn ich welchen hätte, würde ich ihn lieber auffressen, als ihn ihr zu geben. Außerdem steht Gerhard auf Naturmädchen, nicht auf zugespachtelte Tussis. Nadja gibt ihr ihren. Sie ist überhaupt ziemlich souverän. Ich wette, sie hat es sich hart erarbeitet. Sie ist zirka zwei Jahre jünger als ich. »Weißt du, mit Charly ist das alles ganz anders«, sagt sie. »Auf den kann ich mich verlassen. Und ich weiß, wo ich schlafe ...« – »Aber ihr seht euch doch so selten.« – »Aber wir telefonieren oft.« – »Und was ist mit Gerhard und dir?« – »Nee, da ist nix mehr. Du weißt ja, wie das ist. Ich mag ihn immer noch, klar. Aber ich hab keine Lust mehr auf den Stress: Seh ich ihn, seh ich ihn nicht ...« – »Ja, das kenne ich auch.« – »Aber er ruft oft an«, fährt sie fort, »zum Beispiel letzte Woche. Da haben wir nachts drei Stunden telefoniert.« – »Drei Stunden? Hast du ihn angerufen oder er dich?« Ich stelle die Frage, damit ich besser ermitteln kann, welche Beziehung sie jetzt haben. »Er mich.« Mein Kreislauf geht mit einem Schlag runter: »Du, Nadja, wir setzen uns mal, ne?« Ich will mich beruhigen: »Na ja, er ruft dich halt an, weil er weiß, dass du nicht mehr hinter ihm her bist!« – »Er hat mich auch oft angerufen, als wir zusammen waren.« Dazu sage ich nichts mehr. Gar nichts. Ich finde mich schrecklich spießig, wie ich da sitze und Telefonierlängen abgleichen möchte. »Ich hol uns mal was zu trinken«, sagt Nadja, lächelt einmal in die Runde und greift nach zwei leeren Pappbechern. Ich finde, dass das eine gute Idee ist.

Gerhard wird im wahrsten Sinne des Wortes fickrig. Er küsst mal hier, streichelt mal da, und ich sitze wie eine Katze auf dem Sprung. Ich trinke viel. Es ist der pure Stress.

Wir fahren zurück ins Hotel, und ich möchte unbedingt duschen. Weil mein Nachtlager noch nicht klar ist und Gerhard verschollen, bietet mir der Tour-Arzt seine Dusche an. Das kühle Wasser tut mir gut, meine Kopfhaut entspannt sich. Ich stehe nur da und lasse das Wasser über mich laufen. Da geht der Duschvorhang auf, und er steht nackt vor mir: »Hast du was dagegen, wenn ich mit reinkomme?« Und schon setzt er seinen Fuß auf das Duschbecken. »Ja, hab ich«, sage ich und ziehe den Vorhang schnell zurück. »Das ist aber schade«, flötet er, und ich behalte den Duschvorhang im Auge. Zum Glück lässt er mich allein. Ansonsten hätte ich ihm in seine nackten Eier treten müssen. Er hat noch mal einen Schutzengel gehabt.

In der Hotelbar wird weitergefeiert. Die Verängstigte von heute Mittag ist immer noch da. Weil sie nicht ständig an Gerhard kleben kann, unterhält sie sich jetzt mit dem Arzt. Ich weiß nicht, wo ich heute Nacht schlafen soll. Ich kämpfe jetzt schon mental um meinen Platz in Gerhards Bett. Ständig beobachte ich ihn aus den Augenwinkeln. Mit seinem schwarzen Lackmantel sticht er sowieso gleich ins Auge, egal, wo er steht. Die weibliche Fangemeinde erscheint mir heute klein und ungefährlich. Nichts, was ihm so unbedingt gefallen könnte. Höchstens die Strich-frau, die dünn und blond und langhaarig an der Bar lehnt und provozierend an ihrem Cocktail-Strohhalm kaut.

Ich unterhalte mich mit Karsten, dem Schlagzeuger. Aber das passt Gerhard nicht. Er schaut immer wieder her und kommt schließlich rüber. Karsten geht aufs Klo. Gerhard fragt mich, ob denn Karsten nicht was für mich sei. Und ob ich heute Nacht bei Karsten oder lieber exklusiv bei ihm pennen wolle. Ich kann kein Spielchen spielen. »Ich möchte bei *dir* schlafen.« – »Dann haun wir aber nachher gleich ab.« Ich bin beruhigt und unterhalte mich noch besser mit Karsten als zuvor.

Gerhard kommt und will, dass wir gehen. »Ja, gleich«, und ich rede noch zehn Minuten weiter. Zum ersten Mal wartet er auf mich, steht da und sucht einen Gesprächs-partner, bis ich fertig bin. Das Machtspiel muss einfach mal sein. »Frühstück um zwölf und vorher keine Gesprä-che«, ordnet er an der Rezeption an. Wir verabschieden uns von den anderen wie das plötzlich ermüdete Ehepaar. Die Verängstigte schaut uns hinterher, und ich beschleunige meine Schritte. Sobald die Fahrstuhltür zugeht, bin ich in Sicherheit. Die Welt bleibt draußen, und wir sind allein.

Er badet, und ich entdecke neben dem Bett eine leere Kondom-Verpackung. Er hat die Verängstigte heute Mittag eben mal gevögelt! Fünf Sekunden lang überlege ich, ob ich ihn darauf ansprechen soll. Dann aber entscheide ich mich für eine geruhsame Nacht und bearbeite die Andeutung eines Psychoterrors mit mir allein.

Wir wachen gleichzeitig auf, rücken ganz nah. Noch näher. Streiten uns darum, wer oben und unten liegen soll. Gerhard argumentiert: »Ich hab gestern gearbeitet!« – »Und ich bin den ganzen Weg hierher gefahren, um dich zu sehen, und musste den ganzen Groupie-Stress ertragen.« Dann teilen wir den Job gerecht auf. Das Frühstück kommt unter silbernen Deckeln. Das ganze Bett ist voller Frühstück.

Plötzlich poltert es an der Tür. Der Tourleiter kommt rein, sagt, wir müssten uns beeilen. Ich packe Gerhards Sachen zusammen, und wir fahren zum Flughafen nach Hannover. Ich erfahre von Nadja, dass die Verängstigte die halbe Nacht geheult hat, weil ich mit Gerhard verschwunden bin. Ich will, dass mir das egal ist. C'est la vie! Gerhard lässt sie am Hotelausgang stehen und sagt im Auto, dass er ein Schwein sei, weil er sich nicht von ihr verabschiedet hat. Ich weiß, er mag sie. Wir halten Händchen, kichern, und er flüstert mir Schweinereien ins Ohr. Am Flughafen ist die größte Hektik und keine Zeit für Abschied. »Wir sehn uns.«

Auf dem Weg zum Bahnhof treffe ich Christian. Er sitzt mit seiner neuen Freundin vor einer Eisdiele auf der Lister Meile. Ich bin aufgekratzt. Christian. Wir reden oberflächlich miteinander, und seine Freundin ist nett. Ich kann die geordnete Stimmung am Tisch kaum aushalten. Warum eigentlich nicht? Für Sekunden denke ich darüber nach, dass ich jetzt an ihrer Stelle sein könnte. Ich hätte einen Freund, der mich mit Haut und Haar liebt. Ich hätte ein geruhsames Leben … Ich muss gehen. Ich brauche die Action, das ständige Überschreiten von Grenzen. Sogar wenn ich mich damit selbst verletze. Ich werde auch weiterhin hauptberuflich Grenzen überschreiten. Wenn ich es nicht tue, bin ich tot. Freunde sagen mir: Warum tust du dir das an? Du bist wahnsinnig, zerstörst dich selbst. Ich habe noch keine Antwort darauf. Vielleicht finde ich sie noch.

Ich fahre mit dem Zug zurück nach Hamburg. Ich bin bis oben hin voll mit tausend Eindrücken. In Hamburg weicht der Straßenteer auf. Die Stadt ist unspektakulär und langweilig. Bin allein und leer. Schlimmer Zustand. Ich kaufe mir eine Reisetasche. Die gibt mir das Gefühl, jederzeit abhauen zu können. Ich kriege Entzugserscheinungen.

Zum Glück ruft mich Nadja aus München an. Ich soll kommen. Gerhard sei auch da. Ich kriege Lampenfieber und packe meine neue Reisetasche. Nach neun Stunden Fahrt bin ich unten – Mitfahrzentrale. Der Fahrer ließ sich Zeit und fuhr nur hundertdreißig; das brachte mich schier zur Weißglut. Außer Zigaretten kriege ich nichts runter. Nadja ist süß. Sie bewirtet mich mit Pizza, aber der Rotwein sättigt mich mehr. Sie erzählt mir alle Storys von Gerhards Geliebten in München. Wir kommen auf zwanzig. Ich kann das fast nicht glauben. Zurzeit hat er angeblich sogar zwei auf einmal. Eine lange Dünne und deren kleinere Freundin. Wir geben ihnen die Namen Pat und Patachon. Alle Mädchen Münchens sind meine Feindinnen.

Wir fahren durch die Stadt und suchen Gerhard. Der Taxifahrer verdient eine Menge Geld an uns. Was soll's. U-Bahn und S-Bahn kommen nicht in Frage. Da müsste man ja warten. Ich muss Gerhard finden. Im »P 1« sitzt er dann im Freien, mit seinem Bruder Erich und noch ein paar Leuten. »Das ist ja eine Überraschung! Mariechen!« Er zieht mich auf seinen Vaterschoß, und da bleibe ich für den Rest des Abends sitzen. Der Champagner fließt. Nadja ordert eine neue Flasche und bleibt auf dem Rückweg mit ihrem Pfennigabsatz in einer Bodenrille hängen. Sie fällt mit ihrem Glas geradewegs hin und zerschneidet sich die Hand. Alles springt auf, um ihr zu helfen. Zum Glück trage ich flache Schuhe. »Bei euch war es wohl Liebe auf den ersten Blick«, sagt Gerhard zu uns. Nadja und ich strahlen uns an. Solange sie mit Charly zusammenbleibt, ist sie meine beste Freundin.

»Kommste mit ins Hotel?« Ich komme mit ihm, und Boris und Klette müssen ausquartiert werden. Ich weiß nicht, wie Boris tatsächlich heißt, aber er sieht aus wie Boris Becker. Alle nennen ihn so. Er hat sich schon in Göttingen als Gerhards Hut- und Champagnerträger gut bewährt. Er reist überall dorthin, wo Gerhard ist. Der gibt ihm dann ab und zu was zu tun, zum Beispiel Zigaretten holen. Die Klette ist ein junges Mädchen mit stark schwäbischem Akzent. Ihre Mutter hat sie zu Gerhard geschickt. Sie will, dass er auf sie aufpasst oder ihr einen Job besorgt oder sie vögelt. Vielleicht, weil sie weiß, dass sie, die Mutter, schon zu alt für Gerhard ist. Da schickt sie eben die Tochter hin. Boris und Klette verstehen sich ausgezeichnet. Ich denke, wohl auch deshalb, weil gemeinsame Not zusammenschweißt. Sie schlafen im Hotel Hilton auf den Ruheliegen am Swimmingpool. Und ich in Gerhards Bett. Ich lasse mir eine Zahnbürste bringen, und wir nehmen einen Schlummertrunk zu uns.

Das Frühstück im Hilton ist überwältigend. Ich habe seit Tagen mal wieder Hunger. »Iss, mein Kind«, sagt Gerhard, und ich weiß vor lauter Hunger gar nicht, womit ich anfangen soll. Dass ich essen kann ist ein gutes Zeichen. Das heißt, dass ich vor Gerhard keine Hemmungen mehr habe, wenn er mir dabei zusieht. Wir verabreden uns für den nächsten Abend im »Parkcafé«.

Nadja, ihre Freundin und ich liegen den ganzen Nachmittag am Baggersee. Ich gehe oft ins Wasser und tauche unter, damit sich mein Kopf beruhigt. Ich stelle mir vor, wie das kühle Wasser meinen ganzen Körper von innen reinigt. Ich mache kräftige Schwimmstöße, um zu spüren, dass ich noch da bin. Allmählich verliert sich mein Glaube, dass ich nur aus Kopf bestehe. Nach diesem Sommer bin ich auf der Schauspielschule, da, wo ich immer hinwollte. Das neue Leben hat schon längst begonnen. Also tu nicht so, als würdest du noch drauf warten, sage ich mir. »Du bist total abhängig«, sagt Nadja zu mir. »Blödsinn«, sage ich. Dabei weiß ich es. Die Schauspielerei wird mir helfen, andere Prioritäten zu setzen. Ganz sicher.

Auf dem Heimweg kaufe ich Zigaretten und Wein, damit ich mich auf den Abend einstimmen kann.

Punkt halb zwölf sind wir im »Parkcafé«. Gerhard kommt völlig außer Atem angetaumelt, ist durch den Englischen Garten gejoggt. Boris kommt eine halbe Stunde später. Er hat sich verlaufen, als Gerhard ihn abgehängt hat. Gerhard ist umringt von aufgebrezelten Münchener Schönheiten. Ich könnte mit diesem Make-up gar nicht umgehen. Die eine ist eine frühere Freundin von ihm: »Du, Gerhard, wir müssen uns unbedingt wieder einmal treffen. Aber so ganz in Ruhe, ganz gemütlich, wie früher!« Hä? Sie bemüht sich, Hochdeutsch zu reden, aber ihr bayerischer Dialekt klebt an ihr. Sie kommt mir hohl vor. Ich gehe weg, weil ich dieses Geflirte nicht aushalten kann. Die Luft steht. Mir ist heiß. Ich will mich auf eine Bank setzen und merke, wie ich zusammenklappe. Ich rufe nur noch: »Nadja«, und bin weg. Also ohnmächtig.

Viele Stimmen sind über mir. Ich fühle mich wohl. Am liebsten möchte ich immer hierbleiben. Ich bin ganz weit weg. Irgendjemand zieht an mir; meine Beine werden höher gelagert. Jemand sitzt an meinem Kopf und hält ihn mit seinen Händen in seinem Schoß. Ich spüre, es ist Gerhard. Seine Stimme kommt von weither zu mir herunter wie bei der Schallverzögerung eines Flugzeuges: »Maria, es ist alles in Ordnung. Jetzt kommt gleich ein guter Freund von mir, der ist Arzt. Ich bin auch da. Mach dir keine Sorgen.« Er streichelt mir über die Stirn: »Lasst uns mal alle in Ruhe hier, wir haben alles im Griff. Hol mal schnell einen Brandy!« Die andern müssen sich verpissen und lassen uns allein.

Der Arzt macht Akupressur zwischen Nase und Oberlippe. Ich lande allmählich wieder in irdischen Gefilden. Mein Kopf in Gerhards Schoß. Aber ich bete, gleich noch mal zu entrücken, damit Gerhard nicht weggeht. Er bleibt noch eine Weile neben mir sitzen und macht ein paar Witze über meinen plötzlichen Abgang, um mich aufzumuntern. Er macht das gut, und ich muss lachen, obwohl mir noch flau ist. Ich höre, wie Nadja ihn bequatscht, dass er mich heute nicht ins Hotel mitnehmen soll. Ich bräuchte Ruhe und könne das nicht verkraften. Was geht sie das an! Sie profiliert sich als mein Vormund! Ich bin zu schwach, um zu widersprechen.

Am nächsten Tag schleppt sie mich mit zu ihren Eltern aufs Land. Vielleicht tut mir Ruhe ausnahmsweise mal gut. Ich lege mich in ein fremdes, frisch bezogenes Bett und schlafe zwölf Stunden durch.

Als ich aufwache, sind die Vorhänge zugezogen. Ich weiß nicht, wer das gemacht hat. Ich höre Nadjas kleinen Bruder unten im Garten lärmen. Ich stehe auf und werde an einem liebevoll gedeckten Tisch bedient. Ich bin willkommen. Mit so viel Freundlichkeit kann ich gar nicht umgehen. Ich bin in eine richtig glückliche Familie geraten. Schon wieder werde ich mit der Normalität konfrontiert. Sie hat auch etwas Beschützendes. Wenn ich ehrlich bin, bin ich sogar ein wenig neidisch auf ihr beschauliches, ja, überschaubares Leben mit Frühstück, Mittagessen und Abendessen. Die Atmosphäre erinnert mich an die vielen Sonntagnachmittage meiner Kindheit, an denen ich nach der Kirchenandacht um halb zwei noch eine Portion vom selbst gemachten Vanilleeis meiner Mutter bekommen habe. Danach sah ich mir »Lassie« an, und danach gingen wir am Main entlang spazieren oder begutachteten die neuen Häuser im Neubaugebiet. Dabei erfuhr ich dann, wer welchen Bauplatz verkauft hatte und wem das neue Haus gehörte. Das war ziemlich langweilig. Trotzdem kriege ich Lust auf das Vanilleeis meiner Mutter.

Nadja und ich sind von unserem Landausflug zurückgekehrt, und ich rufe Gerhard im Downtown Studio an: »Heute Abend im ›Parkcafé‹?« – »Ich glaube schon«, sagt er. Vom »Parkcafé« geht's nachts noch mal ins »P 1«. Normalerweise würde ich da gar nicht reinkommen, aber durch ihn stehen mir alle Türen offen. An der Bar erzähle ich ihm dann doch, wie sehr es mir stinkt, dass er ständig vor meinen Augen mit anderen Frauen flirtet. Er sagt: »Ich bin eben so. Wenn du meine Freundin sein willst, musst du das abkönnen. Sonst funktioniert das nicht mit uns.«

Ich tanze wie besessen, bis ich schweißgebadet bin. Er tanzt auch, verrenkt sich und spielt mir ein imaginäres Gitarrensolo vor, bis ich lache. An der Theke zieht er den Barhocker, auf dem ich sitze, zielsicher zu sich rüber, und wir falten unsere Hände ineinander. Worüber wir reden, weiß ich nicht. Über irgendwas.

Der Tourneeleiter kommt rein. Er ist zurzeit mit den Scorpions unterwegs. Ich kann hinkommen, wo ich will, immer trifft die ganze Panik-Mafia wieder zusammen. »Ich hab euch ein Taxi bestellt«, nuschelt er geschäftsmäßig rüber. »Du hast alles im Griff, Maria?« Vielleicht mache ich doch den Sekretärinnenjob für Gerhard. Vorübergehend. Ich bin auf dem besten Weg dazu. Ich beauftrage Boris, Gerhards Jacke nicht zu vergessen. Er akzeptiert mich sofort als Chefin. Das fühlt sich wunderbar an. Gerhard und ich beraten, was wir mit Klette tun sollen. Ich rate ihm, dass er sie nach Hause schicken soll. Er macht ein Gesicht, als müsste er dann vor ihrer Mutter ein schlechtes Gewissen haben, weil er sie nicht gefickt hat.

Es ist unsere letzte Nacht in München. Am nächsten Mittag hat Gerhard eine Besprechung in der Hotelbar, und ich trinke noch einen Abschiedskaffee im Foyer. Die Plätzchen, die mit dem Kaffee kommen, sind eine Wucht. Riesige, gefüllte Schokoladentürme. Sie versöhnen mich mit allem, was ich bisher Schreckliches in meinem Leben erdulden musste.

Gerade will ich mir deswegen noch einen Kaffee bestellen, da kommt Nadja durch die Drehtür, um mich abzuholen. Zwei Stunden später sitze ich im Zug nach Hamburg.

Nadja und ich verabreden uns für das Konzert in Darmstadt zwei Wochen später. Ich bin also gar nicht traurig. Am Tag meiner Abreise aus München ist die Entscheidung gefallen, dass Nadja den begehrten Sekretärinnenjob machen soll. Diese verantwortungsvoll-nervige Angelegenheit heißt bei uns nur »*Der* Job«. Nadja macht jetzt also »*Den* Job«. Mich wollte Gerhard dafür nicht haben. Er meinte, ich müsse doch meine Schauspielerei machen und sei doch selbst 'ne Künstlerin. Manchmal hat er auch recht. Die Schauspielschule ist das Wichtigste. Dennoch stört es mich, dass sie in den nächsten zwei Wochen ständig bei ihm ist, vom Aufstehen bis zum Ins-Bett-Gehen. Ich besorge mir *Herodes und Mariamne* von Friedrich Hebbel als Reclam-Heft. Das wird meine erste Rolle bei Professor Dr. Antlitz an der Schauspielschule. Herodes erteilt den Befehl, seine Frau Mariamne nach seinem Tod umbringen zu lassen. Aus Liebe und Besitz-anspruch. Mariamne aber will sich nicht töten lassen, sondern sich aus freiem Willen selbst erdolchen. Harakiri. Dagegen ist meine Lebenssituation ein Pappenstiel.

Bis Nadja und ich dieses Kaff in Hessen finden, vergehen Stunden. Sie kommt aus dem Süden, ich aus dem Nor-den. Treffpunkt ist das Maritim-Hotel in Darmstadt. Roger Chapman und seine Band sind auch schon da. Er lacht uns an, er kennt uns noch aus Göttingen. Nadja und ich warten in der Bar auf die Band und den Meister.

Der Tourleiter kommt, drückt mir Papier und Stift in die Hand und befiehlt mir mitzukommen. Wir heizen über die Autobahn, um Gerhard im Hotel in Bad Hom-burg abzuholen. Er raucht meine Zigaretten. »Zigarette«, sagt er, wie ein Chefarzt im OP »Skalpell, Tupfer, Klemme« sagen würde.

Wir eilen in Gerhards Zimmer, die Tür steht offen. Er ist gar nicht da. Ich untersuche sofort, ob eine Frau bei ihm war. Die rechte Bettseite ist nur etwas verknautscht von der Reisetasche, die darauf steht. Keine Präservative. Gut. Ich packe sein Chaos zusammen, und der Tourleiter sucht ihn in der Bar, wo er auch ist.

Im Auto spielt mir Gerhard seine neuen Demos vor. Er sitzt vorn, ich hinten. Wenn ich nicht gerade ein paar Notizen machen muss, was für den Gig noch erledigt werden soll, küssen wir uns.

Wir sind im Zeitstress. Gerhards Bühnenjackett ist nicht gebügelt. Nadja ist mit Charly verschwunden, und ich nutze die Gelegenheit, um das Ruder an mich zu reißen. Für den Tourleiter bin ich diejenige, die »*Den* Job« macht. Und ich mache ihn besser als alle zusammen, die ihn vorher gemacht haben. Er drückt mir das Jackett in die Hand. Schwarz-weiß kariert und an den Ärmeln zerschlissen. An der Rezeption rennen alle, um es zu bügeln. Ich nehme nur einmal das Wort »Lotus« in den Mund, und das Maritim-Personal liegt mir zu Füßen!

Gleich darauf soll ich Gerhards Liedertexte aus dem Songbook kopieren und vergrößern, weil die Originale davon nicht mehr aufzufinden sind. Drei Bedienstete stehen aufgeregt um den Kopierer herum und tun alles, um mich zufriedenzustellen. Ich bin selbst in Hektik, aus Angst, etwas falsch zu machen. Aber ich werde es niemandem zeigen. Der Motor des Bandbusses rattert schon seit

zehn Minuten. Alle warten nur noch auf mich, die Text-
kopien und das Jackett. Ich steige ein, die Tür schließt
sich, und ich habe meinen Job erledigt. Nadja will aus
lauter Liebe zu Charly heute frei haben, und Gerhard
fragt mich wie ein kleiner Junge: »Willst du heute für mich
sorgen?«

Ich will.

Auf dem Open-Air-Gelände organisiere ich, dass eine
Plastikwanne voll mit Eiswürfeln und Getränken auf die
Bühne gebracht wird. Der Champagner darf nur von
Gerhard selbst und von speziellen Gästen getrunken werden. Das niedere Volk muss MM-Sekt trinken. Gerhard
trinkt nur aus Sektschalen. Ich beauftrage Boris, sie zu
holen. Er ist froh, dass er gebraucht wird.

Welcher Hut zu welchem Dress? Sitzt der Kajal? Wo
ist die Masseurin? Alles, was nichts mit der Band zu tun
hat, raus aus dem Bus! Interviews erst nachher. Jetzt darf
der Star nicht gestört werden – wichtige Besprechung mit
dem Veranstalter Fritz Rau, der gerade reingekommen ist.
Ist genug Champagner im Bus und auf der Bühne?
Jemand muss die Handtücher und den Bademantel holen.
Ich begleite Gerhard mit Hut zum Wechseln und ge-
bügeltem Hemd überm Arm auf die Bühne.

Während der Show achte ich auf jede Andeutung von
ihm. Eine Handbewegung, und der Champagner muss
kommen. Jetzt der zweite Hut. Das Fußvolk, das, weiß
der Teufel wie, hinter die Bühne gekommen ist, weicht
ehrfürchtig vor mir zurück, wenn ich nur mit einer Geste
andeute, dass hier zu wenig Platz für alle ist. Wenn Nadja

und ich mitgrölen und tanzen, tanzen sie auch. Wenn wir ruhig und mit verschränkten Armen dastehen, machen sie dasselbe. Ich genieße meine Machtstellung in vollen Zügen. Es funktioniert wie im Bilderbuch. Endlich wird mal nach meiner Pfeife getanzt. Alles läuft wie am Schnürchen. Das habe ich mir hart erarbeitet. Alles unter Kontrolle!

Kurz vor der Pause wird der Gang von Fans freigefegt, und ich zünde die Zigarette für Gerhard an, dass er sie nur noch in den Mund stecken muss. Mit Handtüchern behangen wird er vom Tourleiter in den Bus begleitet. Gerhard ist in einer anderen Welt, wie ein Fallschirmspringer, der soeben auf der Erde gelandet ist. Er hat alles gegeben. Und das Ganze gleich noch mal. Keiner spricht. Er ist noch außer Atem, aber seine Finger trommeln schon wieder ungeduldig auf der Rückenlehne des Vordersitzes herum. Ein paar lose Sprüche von einem aus der Band. Lachen. Ich lache mit, obwohl ich den Witz gar nicht gehört habe. Ich muss die Spannung loswerden, die Gerhard und seine Jungs verbreiten. Nur ihre Körper sitzen im Bus, die Seelen sind noch auf der Bühne. Es muss irre sein, wenn das dein Lebensunterhalt ist. Wenn du nicht Punkt halb acht in der Früh irgendwo antreten musst. Wenn du dir dein Gehalt selbst auszahlst. Wenn du für deine Arbeit mit einem Beifallssturm belohnt wirst. Wenn du Leute um dich rum hast, die gut finden, was du machst. Die dir sogar alles abnehmen. Nur, damit du ein funkelnder Stern sein kannst.

Im zweiten Teil der Show steht Stefan plötzlich hinter

mir, ein Musiker aus meinem Heimatort. Ich kannte ihn all die Jahre nur vom Sehen. Jetzt tut er so, als seien wir alte Freunde. Er ist schwer beeindruckt von meinem Job hier. Und im Publikum entdecke ich Thomas Kempinski, einen meiner Volksschullehrer, der wie ein Verrückter winkt, als er mich erkennt. Sie sollen mich alle sehen hier oben! Alle, alle. Ich habe lange genug im Graben gestanden. Ich bin wichtig! Es ist mir scheißegal, ob diese Gier ein Armutszeugnis ist oder nicht. Der Gig war gut. Sie brüllen immer noch »Zugabe«, obwohl die Band schon längst von der Bühne gegangen ist.

Jetzt ist Joe Cocker dran. Wir stellen uns hinter eine der riesigen Boxen, während Joe sich die Seele aus dem Leib röhrt. Gerhard küsst mich auf Hals und Schulter; er nimmt meine Hand, mit der anderen fährt er von hinten unter mein schwarzes Kleid und presst seinen Körper an mich. Karsten guckt mich an. Er hat mir vor zwei Minuten gesagt, ich sei viel zu gut für Gerhard. Wir singen Joe Cockers Song mit, und ich möchte mal wieder mit niemandem auf der Welt tauschen. »Fühl mal, bei mir kribbelt da alles. Bei dir auch?« Sein Ständer ist weder zu überfühlen noch zu übersehen.

Wir müssen unbedingt ins Hotel. Während wir miteinander schlafen, sind wir so laut, dass wir auf einmal beide furchtbar lachen müssen. »Mit uns wird es immer besser!«, sagt er.

Da bin ich ganz seiner Meinung. Weil wir nicht wissen, was wir essen sollen, lassen wir uns durchs Telefon die ganze Speisekarte erörtern. Es dauert lange, bis wir uns entscheiden können, was wir wollen. Wir müssen uns immer gegenseitig beraten. Der Koch am anderen Ende der Leitung verliert fast die Geduld. Aber er darf es nicht – das ist sein Job.

Wir fahren mit der ganzen Gang in eine Kneipe nach Darmstadt. Der Laden wurde nur für die Backstage-Party gemietet. Roger Chapman ist auch da und kippt ein Bier nach dem anderen. Es ist wieder mal »Feiertag«. Für die Band ist jeden Tag »Feiertag«. Die Party geht in der Hotelbar weiter. Ich trinke Wein, Gerhard ist auch gut dabei und zudem sehr intensiv in ein Gespräch mit zwei Damen verwickelt. Ich höre ständig von ihm sein staunendes: »Jaaaa? Wirklich?«

Ich bin betrunken und müde. Es ist halb drei. Demonstrativ gehe ich zu Gerhard und verlange den Zimmerschlüssel. Ich habe gearbeitet und ein Recht auf Ruhe. Er will ihn mir nicht geben. »Warum nicht?« – »Du gehst erst ins Bett, wenn ich auch gehe. Das geht jetzt nicht.« – »Warum nicht?« – »Weil ich das Zimmer vielleicht noch brauche!« – »Für einen Fick mit den beiden Tanten, oder was?« – »Vielleicht.« Ich gehe weg und heule.

Ich sage dem Tourleiter, dass ich ein eigenes Zimmer haben will. Ich habe ohne Gage gearbeitet und mein Bett verdient. Er macht mich nieder, sagt, ich sei nur dazu da, dass Gerhard Unterhaltung habe und dass es ihm gut ginge. Das sei mein Job. Er ist besoffen und stinkt aus dem Mund nach Whisky und Zigarette. Ich kann nicht mehr. Ich bin so naiv und blöd, dass mir nicht mal aufgefallen ist, dass dieses Schwein mit mir eine kostenlose

Nutte eingestellt hat. Ich fühle mich schlechter als ein Stück Scheiße. Ich will mit dem ganzen kranken Popstar-Business nichts mehr zu tun haben.

Nadja und Charly kommen mir, Arm in Arm, am Fahrstuhl entgegen. Ich erzähle ihnen die Story. Charly meint: »Maria, es geht dir doch gar nicht darum, dass du ein Zimmer verdient hast und keins bekommst. Du bist sauer, weil Gerhard nicht mit dir hochgehen will und lieber mit den andern Weibern flirtet.« Weil er sowieso alles durchschaut hat, kann ich es auch zugeben.

Er geht zu Gerhard und redet mit ihm. Ich stehe in einigem Abstand davon, und Nadja sagt: »Er gibt dir schon den Schlüssel, Charly macht das schon.« Sie ist in diesem Moment zu meiner Schwester geworden. Dennoch ärgere ich mich darüber, dass ich einen Fürsprecher brauche und die Sache nicht allein regeln kann. Ich bin so ausgebrannt, wie heiße ich eigentlich? Vielleicht Mariamne.

Gerhard kommt rüber und wirft mir den Schlüssel zu: »War nicht so gemeint. Ist doch nicht so schlimm.« Und drückt mir einen Gute-Nacht-Kuss auf den Mund. Er ist harmoniesüchtig, das ist gerade extrem von Vorteil.

Um vier Uhr klopft er sacht an die Zimmertür, obwohl ich sie nur angelehnt habe. »Hab ich die Prinzessin aufgeweckt?« Ich bin wieder versöhnt. Jetzt kann ich nicht mehr einschlafen, und er schnarcht gleichmäßig vor sich hin.

Wieso sind meine Höhenflüge so zerbrechlich? Warum mache ich das alles? Diese Sucht ist in keinem Medizin-

buch der Welt verzeichnet. Wenn mir jemand ein Gegen-
mittel gegen das chronische »Nicht-ohne-Gerhard-Syn-
drom« anbieten würde, ich würde dankend ablehnen. Ich
muss ihn immer wieder treffen. Ich muss immer über
meinen Schatten springen und Dinge tun, vor denen ich
Angst habe, nur so kriege ich den sichtbaren Beweis dafür,
dass ich alles tun kann, was ich will. Dann erst weiß ich,
dass ich lebe. Alles andere fühlt sich an wie ein billiges
Playback, zu dem ich an der richtigen Stelle die passenden Mundbewegungen mache. Je unmöglicher und uner-
reichbarer das Ziel, umso größer die Herausforderung,
umso größer der Lebensdrang, umso größer die Sehnsucht, so viel zu fühlen, dass ich nichts mehr fühle.

Mit jeder Gerhard-Begegnung breche ich aus meiner
Zelle aus. Dahin, wo alles möglich ist. Das habe ich die
ganze Zeit geglaubt. Freiheit heißt das große Wort. Ich
könnte mir vorstellen, dass Freiheit etwas damit zu tun
hat, nicht mehr vorm Telefon zu sitzen und zu warten.
Nicht mehr warten, nie mehr warten! Das wäre Frei-
sein. Neulich hab ich mich Maggie am Telefon anver-
traut. Wir amüsierten uns köstlich bei solchen Nebensät-
zen wie: »Na ja, ich warte jetzt erst mal, ob er anruft ...«
Und Maggie: »Ja, warte doch einfach mal wieder ein bisschen, Warten wird ja immer wieder gern genommen.«
Dabei hört sie sich an wie eine Verkäuferin, die mir be-
flissen den letzten Ladenhüter aus dem Lager andrehen
will.

Scheiße.

Eigentlich müsste ich mich beim Tourleiter bedanken.

Er hat mir meinen Job hier noch mal so richtig klar-gemacht. »Du bist nur dazu da, dass Gerhard Unter-haltung hat und dass es ihm gut geht!« Ich ersticke das Lachen, das mit einem Mal ungeordnet und hysterisch aus mir rausbrechen will, im Kopfkissen. Ich will Gerhard nicht wecken. Im nächsten Moment schütteln mich Wein-krämpfe, und auch die kann ich in der Lautstärke regu-lieren. Ich drehe mich mit dem Rücken zu ihm und wünschte, ich könnte schnell einschlafen und alles ver-gessen. Aber so schnell geht das nicht.

Dass Gerhard nichts von dem Soloprogramm mit-bekommt, das regelmäßig in meinen Gehirnwindungen stattfindet, macht mich noch einsamer, als ich eh schon bin. Aber Panikrocker haben dort Eintrittsverbot. Das würde sofort kritische Zustände bei ihnen erzeugen, die als »Problem« registriert werden würden. Und das wollen wir ja nicht. Und so wache ich irgendwann am frühen Vormittag albtraumgeschwängert auf und behalte mein Geheimnis für mich.

Ich fahre mit zum Flughafen nach Frankfurt. Nadja fliegt als die offizielle Sekretärin mit. Ich tröste mich damit, dass ich einen anderen Weg vor mir habe als sie. »Tschüss, Gerhard.« – »Wir sehn uns ganz bald, meine Süße.« Ich ziehe mein Reclam-Heft heraus und lese. Mariamne: »Den Schwur, den ich zurückhielt, als er scheidend ihn forderte, den leiste ich jetzt: Ich sterbe, wenn er stirbt.« Na, das kann ja was werden.

Nadjas Job erweist sich als schwieriger, als ich dachte. Die anspruchsvolle Diva, der hypergenaue, launische Künstler ist nicht leicht zu befriedigen. Mehr als einmal bricht Nadja in einem Heulkrampf zusammen, weil sie das Gemanage nicht auf die Reihe kriegt. Sie erzählt es mir am Telefon Woche um Woche. Sie kann reden, wie sie will: Ich glaube, dass zwischen den beiden was läuft. Sie streitet es ab. In Hamburg liege ich krank im Bett. Ich bin froh, dass ich nicht aufstehen kann und endlich einen Grund habe, mich auszuruhen. Ich will, dass mich jemand umarmt und mir was erzählt. Irgendwas. Aber mir fällt niemand ein, der mir diesen Gefallen tun könnte. Selbst wenn da jemand wäre, ich würde ihn nicht darum bitten. Das habe ich noch nie fertiggebracht. Ich rolle mich in meinem Bett zusammen und drücke den Teddybären mit den großen Knopfaugen und dem Klettverschluss an den Pfoten an mich. Ich habe ihn am Watt auf Sylt gefunden. Er lag im Sand, die Plüscharme in die Luft gestreckt, als ob er auf mich gewartet hätte. Das Kind, das zu ihm gehörte, musste ihn erst einige Minuten zuvor verloren haben. Ich konnte niemanden sehen. Ich musste die verwaiste Plüschseele mitnehmen.

Mein Mitbewohner hat mir Pfefferminztee gemacht. Ich bin gerührt, weil er an mich denkt. Gerhards Ärztin, die jetzt auch meine ist, hat mich mit Medikamenten gut versorgt. Sie sagte, ich solle bloß nicht für Gerhard arbeiten, denn dann ginge unsere Freundschaft drauf. Da es für mich keine Zufälle gibt, ist wahrscheinlich alles gut so, wie es ist. Sie meinte auch, dass mir vielleicht schon seit meiner Kindheit was gefehlt habe. Und das Loch könne Gerhard nicht stopfen. Eigentlich niemand. Das müsse ich mit einem Psychologen besprechen. »Hab ich versucht«, sagte ich. »Konnte bei der Behauptungsübung nicht Nein sagen«. – »Sich abgrenzen ist schwer«, sagte sie.

Ich höre den ganzen Tag die Klavierstücke von George Winston. Mitten in einem Stück ist die Kassette zu Ende. Da ich die Stelle genau kenne, stehe ich rechtzeitig auf und blende die Musik aus, damit mich der harte Abbruch am Ende nicht zu sehr schmerzt. George Winston hat mit meinem ganzen Seelenchaos nichts zu tun und kommt einer tröstenden Umarmung sehr nahe.

Nadja ruft an und gibt zuverlässig Report, sagt, im Moment habe er keine anderen Frauen, er sei den ganzen Tag im Studio. Es ist Mitternacht, und sie gähnt mir was vor und sagt, dass sie gleich mit Gerhard ausginge, man müsse ja feiern. Seine Worte. Scheiß Machtspiele.

In einer Woche spielt Gerhard in Hannover. Ich fahre nicht hin, sondern ziehe um nach Altona, ins Erdgeschoss eines ziemlich vergammelten Hauses, direkt an den Bahnschienen. Wo kommt der Gestank nach Mottenkugeln im Hausflur her? Ich brauche lange, bis mir nicht mehr schlecht davon wird. Der Wohnungsbesitzer ist Krankenpfleger – ausgerechnet! Zum Glück hat er oft Nachtdienst, und auch sonst kommt er mir recht harmlos vor. Es reicht, wenn einer am Rad dreht.

Ich bin froh, dass mich die Schauspielschule so in Anspruch nimmt, dass ich kaum noch Zeit habe, um an Gerhard zu denken. Und wenn ich es doch tue, renne ich an den Kühlschrank und esse so viel, dass mir schlecht wird. Ich habe mir wieder Appetithemmer gekauft, so kann es nicht weitergehen. Meine besten Jeans schneiden mir in den Bauch, aber ich trage sie umso öfter, damit ich keine Sekunde vergesse, dass ich abnehmen muss.

Über ein Jahr bin ich jetzt schon in der Schule, und noch immer bin ich keine Tänzerin. Aber ich tanze. Ballettübungen an der Stange, Kombinationen quer durch den Raum. Das ist jedes Mal wie Spießrutenlaufen. Ist es nicht so, dass es mir Spaß machen sollte, mich zu zeigen? Ich kann mir die Schrittfolgen nicht merken. Ich kann mir als Einzige die Schrittfolgen nicht merken. Ich kämpfe. Ich verstehe nicht, dass alle anderen so ruhig und ausgeglichen sind. Sie sind einfach besser als ich. Schritt, Schritt, Schritt, Schritt, Kick, Ball Change, Pirouette, Ball Change, Kopf rechts, links … Beim nächsten Durchlauf muss ich es können!

Aber ich kriege es wieder nicht hin. Ich renne aus dem Trainingssaal ins Damenklo, kralle mich schluchzend am

Waschbecken fest. Ich will es aus der Halterung reißen. Ich weiß nicht wohin mit dieser plötzlichen Wut, die aus mir herausbricht, so unberechenbar, dass sie mich schüttelt. Jetzt könnte ich problemlos »Nein« schreien, wenn ein Therapeut das wollen würde. Anna kommt hinter mir her, sie ist in meinem Semester. Sie umarmt mich ganz fest, und es fühlt sich komisch an. Wir haben uns noch nie berührt. Woher wusste sie, dass ich auseinandergefallen wäre, wenn sie mich nicht gehalten hätte? Sie fragt immer nur ganz leise: »Was ist denn, was ist denn?«

Ich kann es nicht beantworten. Es geht auf einmal nicht mehr nur um die Tanzkombination. Ich weine einfach nur, weil ich insgesamt so verzweifelt bin. Mein Körper denkt zu wenig mit. Er sollte Arme, Beine und Kopf gleichzeitig in verschiedene Richtungen bringen, und es sollte grazil sein, es sollte im Takt und mein Gesicht nicht verkniffen sein. Wenn mein Körper der Ausdruck meiner Seele sein soll, dann ist meine Seele ein Jutesack. »Du musst geduldiger werden«, sagte sie. »Wie denn?!« Zehn Minuten später gehe ich wieder in den Unterricht und mache weiter.

In Improvisation bin ich gut. Ich merke, dass mir alles gelingt, wenn ich auf mein Gefühl höre und ihm folge. Das gilt es auszubauen. Es bedeutet, sich weniger mit anderen zu vergleichen und mit Fantasiesprachenblabla eine Geschichte zu erzählen. Ich blablarisiere meinen Marathonlauf durch meine Alltagsselbstzweifel und bekomme einen Mörderapplaus dafür. Überhaupt bin ich hier richtig. Denn in der Schauspielerei ist alles, was man tut, existenziell. Und es gibt nichts, gar nichts, was nicht gut genug wäre, um beachtet zu werden. Aller Liebeskummer, alle Eifersucht, alle Albträume, alle Belanglosigkeiten, alle Fressanfälle, alle Hoffnungen, alles Heimweh, alles das ist auf einmal Kunst.

Ich lerne Ute kennen. Damals, als ich mit Gerhard zusammen auf dem Waggershausen-Konzert war, habe ich sie erstmals gesehen. Sie saß auf der Treppe vom Renaissance-Theater und sah so gestresst aus, dass ich mir sofort dachte, sie muss etwas mit dem Musik-Business zu tun haben. Sie redete mit Georg Danzer und rauchte eine Zigarette nach der anderen. Eben hat sie mir erzählt, dass sie seine Managerin ist. Vor zwei Monaten ist sie von Berlin nach Hamburg gezogen. Ihren hessischen Dialekt kriegt sie trotz großer Anstrengungen nicht weg. Daraus schließe ich, dass man auch mit provinzieller Prägung erfolgreich sein kann. Wir sitzen am Großneumarkt im Freien, und der Kellner bringt unser viertes Glas Wein, das bis zum Rand voll ist und beim Abstellen überschwappt. Der Rock'n'Roll bringt uns zusammen. Nach einer Stunde weiß sie alles von Gerhard und mir und von meinem Stolpern aus dem Trüben in besseres Licht. Ich sage ihr, dass ich als Mensch eigentlich schon viel weiter sein müsste, wenn man bedenkt, wie alt ich bin. Sie sagt, Hauptsache, man checkt überhaupt was und, dass ich doch noch ziemlich jung sei.

Ich bin oft bei Ute. Ihre Wohnung ist mit einem grauen

Teppich ausgelegt. Um ins Bett zu kommen, muss man zwei Stufen hochgehen. Ihr Kleiderschrank ist ein ganzes Zimmer. Ich denke an Gerhards Wohnung, an Nächte in Samt und Seide. Ich bin sehr beeindruckt von ihrem Zuhause und sage es ihr. Sie lacht. Ute behandelt ihr Zuhause wie ein Hotelzimmer. Die Handtücher im Bad wirft sie grundsätzlich auf den Boden, als ginge sie davon aus, dass ihr das Dienstmädchen am nächsten Morgen neue hinhängt. Sie hat aber keins. Ihre Kaffeetassen scheint sie nie auszutrinken. Allein in ihrem Arbeitszimmer finde ich drei Stück davon, und alle sind halb voll. Ohne Kaffee kann sie nicht telefonieren. Und sie telefoniert viel. Die ganze Wohnung wirkt auf mich wie ein Durchgangslager von einer Konzerthalle zur anderen. Aschenbecher, Anrufbeantworter, Kaffeetassen, Pumps. Und Ute bewegt sich darin, als wolle sie jeden Moment ihre Koffer packen, um in die nächste Halle zu fahren. Sie zieht ihre Pumps den ganzen Tag nicht aus.

Ich lasse mir die Haare aubergine färben. Jetzt bin ich nicht mehr zu übersehen. »Kann man die Haare wieder umfärben?«, frage ich die Friseurin. Sie sagt, das ginge nicht.

Ausgerüstet mit meiner Vidal-Sassoon-Frisur muss ich was für meine Filmkarriere tun. Ich treffe mich mit Gerald Pfahl, einem Filmproduzenten. Das heißt, ich besuche ihn in seiner Wohnung. Sie ist geschmacklos eingerichtet und wimmelt nur so von Katzen, die überall herumstreunen. Er lädt mich anschließend zum Essen bei »Paolino« ein, wo er Stammgast ist, wie ich schnell bemerke. Er redet viel Unsinn. Wie schwierig es wäre, eine Rolle zu kriegen, vor allem für Frauen. Aber er meint auch, er könne schon was für mich tun. Ich bräuchte nicht jetzt gleich mit ihm zu kommen. Heute hätte er sowieso keine Zeit, heute müsse er die Katzen streicheln. Ich gefiele ihm sehr gut. Mir gefriert der Haaransatz. Ich habe immer gedacht, so was gäbe es nur im Film! Ich lasse ihn mit seinem Kalbsfilet sitzen und gehe aus dem Lokal, bevor ich ihm noch auf den Teller kotze. Diese Drecksau dachte tatsächlich, dass ich mich von ihm ficken lasse. Meine Jacke ist voller Katzenhaare.

Gerhard ist in Berlin. Nadja auch. Ich telefoniere mit ihr, und sie will ihn mir nicht geben. Sie sagt, er habe eine Besprechung. Ich glaube, ich spinne: Sie wimmelt mich ab! Ich weiß genau, dass sie rumsexen, wenn sie sowieso schon da ist. Ich bestehe darauf, dass sie ihm den Hörer gibt. Ich höre Gerhard im Hintergrund: »Wer ist das denn?« Er hat keine Besprechung und nimmt ihr den Hörer ab. »Ich komm morgen nach Hamburg. Sehn wir uns, meine Süße?« – »Ja. Ich muss dir viel erzählen.« Er gibt mir noch mal Nadja, und ich muss mich notgedrungen noch ein paar Takte mit ihr unterhalten.

Ich esse den ganzen Tag nichts. Weil kein Wein im

Haus ist, trinke ich Whisky und putze mir nach jedem Glas die Zähne, denn ich bin sicher, dass es das letzte ist und Gerhard jeden Moment anrufen muss. Ute ruft mich an, aber ich beende das Gespräch schnell, weil ich die Leitung freihalten will. Als mein Krankenpfleger-Mitbewohner das Telefon in sein Zimmer holt, stehe ich so lange vor seiner Tür, bis ich höre, dass er auflegt und ich den kostbaren Apparat wieder mitnehmen kann. Um halb zwölf schminke ich mich wieder ab und lege mich ins Bett.

Ich kann nicht schlafen und sehe mir irgendeinen Spielfilm an, den ich nicht verstehe, so experimentell ist er. Vielleicht verstehe ich ihn nach meinem Schauspielstudium. Warum hat Gerhard mir gestern erzählt, er habe letzte Woche ein paarmal bei mir angerufen? Soll ich das glauben? Ja, ich glaube es.

Ich nehme mir vor, meine Bedenken in Improvisation zu spielen. Ich werde ihn nicht mehr anrufen. Das erzähle ich Maggie, der Leopardenhosenfrau am Telefon. Ich habe Lust, sie noch besser kennenzulernen, aber alleine getroffen haben wir uns bisher nicht. Sie ist misstrauisch. Wahrscheinlich denkt sie, ich wolle von ihr mehr über Gerhard erfahren. Unsere Gespräche sind zäh und vorsichtig: »Wir sollten uns einmal treffen, hast du Lust?« – »Ja.«

Winter ist es geworden. Schmutziggrau und nasskalt. Ich liege im Bett und lese *Die Nebel von Avalon*. Ich habe das

Buch in Utes Bücherregal gefunden. Ich kann fast nicht mehr aufhören zu lesen. Ich esse und lese. Mein Bauch ist so aufgebläht, als wäre ich im sechsten Monat schwanger. Es ist egal. Ich habe keine Verabredung und will in den Avalon'schen Nebeln für immer versinken.

Das Telefon klingelt. Gerhard. »Jetzt gleich?« Ich soll kommen. *Die Nebel von Avalon* spucken mich auf meine Bodenmatratze zurück. Warum habe ich so viel gegessen? »Lass uns in der Badewanne ein bisschen schwimmen gehn!« – Ausgerechnet! »Ich komme in einer Stunde.« Vielleicht bin ich bis dahin wieder etwas dünner. »In einer Stunde? Das dauert doch so lang! Ich will dich aber jetzt.« Er nörgelt wie ein kleines Kind. Ich schinde Zeit. Überlege: Wie kriege ich mich schnell dünn? Das Ding daran ist, dass das nicht geht. Erbrechen konnte ich noch nie und würde es auch nicht mehr wollen. Ich brauche mich selbst noch für so vieles. Gerhard klopft mich weich mit seinen Worten und redet von meiner »Flexibilität.«

Eine halbe Stunde später stehe ich vor seiner Tür. Wir schwimmen nicht nur im Erkältungsbad, sondern auch im Bett, dem großen Ozean der Liebe. Reden über Schauspielerei – ich steppe ihm auf dem Teppichboden was vor – und sehen fern, das heißt, eigentlich sehen wir nichts wirklich, weil Gerhard sämtliche Programme der Reihe nach durchschaltet.

Das macht Spaß. Es macht vor allem Spaß, weil ich das schon als Kind, auch ohne Fernbedienung, gern gemacht habe. Allerdings musste ich mir dafür die amtliche Verwarnung meines Vaters anhören. »Hör uff, der Fernseher geht doch kaputt, dass du des net begreifst! Des is doch ein empfindliches Gerät!« Aber hier sind wir unbeschattet: im Geheimclub für Sehnsüchtige. Gerhard stört meine Wampe nicht. Während wir bäuchlings in die Röhre starren, frage ich mich, ob ich tatsächlich das *Hier und Jetzt* genießen kann, wie ich es in einem von Utes esoterischen Büchern gelesen habe: »Die Erleuchtung durch Leben im Augenblick!« Das kommt jetzt in Mode. Ist es das gerade? Das Hier und Jetzt? Das Glück? Es ist mir einerlei, ob morgen Tanja mit ihrem Notizheftchen kommt oder Nadja auf Stöckelschuhen. Das funktioniert bloß, wenn man sich nicht von gestern und morgen, oder nachher und vorhin terrorisieren lässt. Vor Freude funktioniere ich Gerhards Bett kurzfristig in ein Trampolin um und lande wie ein mittlerer Medizinball neben ihm. »Alles in Ordnung, Süße?« Sein Lächeln wirkt ein bisschen aufgesetzt. »Ja, mir geht's nur gut!« – »Ach so.« Dann drücke ich auf Taste fünfzehn der Fernbedienung.

Weit nach Mitternacht treffen wir uns in der Bar vom Hotel Reichshof mit zwei Sängerinnen, die eventuell bei der nächsten Tour mitsingen sollen. Über Business wird wenig geredet. Wir trinken hauptsächlich Champagner und spielen das Spiel: »Ich wünsch mir was.« Der, auf den der Kuli zeigt, muss den anderen einen Wunsch erfüllen. Ich kenne das Spiel nur mit Flaschendrehen und Zungenküssen. Bis auf die Blonde lachen wir alle ziemlich viel. Sie hält sich an ihrem Glas fest und versucht krampfhaft, sich zu amüsieren. Wenn ich das nicht von mir selbst kennen würde, hätte ich es gar nicht bemerkt. Ich weiß nicht, wie ich ihr helfen soll. Ausgerechnet jetzt ist sie dran, und Gerhard wünscht sich ein Gedicht von ihr. Sie lächelt durch ihr sorgfältig aufgetragenes Make-up, aber ihre Augen bleiben ernst. Ich würde ihr die Bürde gern abnehmen, denn ich weiß ein schrecklich gutes Gedicht von Heinz Erhard: Hinter eines Baumes Rinde saß die Made mit ihrem Kinde … Die Blonde sagt kein Gedicht. Sie spricht einen schwermütigen, poetischen Text. Ich denke, er stammt von irgendeinem literarischen Fuzzi. Ich will lachen, aber es passt nicht. Gerhard legt den Arm um mich: »Meiner Frau und mir hat das Gedicht sehr gut gefallen.« Stille. »Von wem ist es denn?« Die Blonde antwortet: »Von mir.« Wieder Stille. Ich bin peinlich berührt. Ich verstehe sie. Sie wollte Gerhard beeindrucken. Aus eigener Erfahrung weiß ich, dass das immer nach hinten losgeht. Manchmal passiert es noch immer. Aber es wird sich ändern. Das weiß ich. Wir beenden das Spiel.

»Schläfst du bei mir?«, fragt Gerhard während der Taxifahrt und schaut auf die Alster, die in der Dunkelheit wie ein glitzerndes, geheimnisvoll schweigsames Ungetüm aussieht.

Ich bin überhaupt nicht müde, und Gerhard liest mir im Hotelzimmer aus der Zeitung vor. Ich höre nicht auf die Worte, die er liest, ich höre nur auf seine Stimme. Sie näselt, nölt, rezitiert, und dann liest er mit verstellter Stimme. »Du könntest Schauspieler werden«, sage ich. »Bin ich doch schon«, sagt er und lässt sich mit »Ahuuu-uaaa« rückwärts aufs Bett fallen. Ich stelle fest, dass er im Schlaf aussieht wie ein Rhinozerosbaby. Ich beuge mich über ihn, um ihn genauer anzusehen. Seine Augäpfel wandern unter den Lidern hin und her. Er muss träumen. Seine Nasenflügel beben, und seine Hand tastet nach mir und bleibt auf meinem Oberschenkel liegen. Ich bewege mich nicht mehr, aus Angst, er könnte sie wieder wegnehmen.

Am Morgen bringt Maggie Frühstück für zwei ins Schlafzimmer. Ich hatte sie schon vor einer halben Stunde in der Wohnung herumwerkeln hören und mir gewünscht, sie möge doch verschwinden, bevor ich aus dem Zimmer gehe. Aber sie guckt mich an, und ich ziehe mir die Decke über den Kopf. Vielleicht erkennt sie mich nicht mehr mit den gefärbten Haaren. Eine Minute später kommt sie noch mal rein und sagt: »Bist du das, Maria?« – »Ja.« Gerhard setzt sich im Bett auf, schaut von mir zu ihr und wieder zurück, und seine Stimme klingt, als wäre er soeben einer Verschwörung gegen ihn auf die Schliche gekommen: »Ihr kennt euch, jaaa? – Ahja.«

Für Gerhard ist recht zügig wieder Managen angesagt. Ich bin nicht schnell genug angezogen, und einige seiner geheimen Berater sehen mich mit der schwarzen Spitzenunterhose rumlaufen. Sie denken sowieso, was sie wollen, und es fängt an, mir ziemlich egal zu werden. Es kostet mich nichts.

Ich gehe die Treppen runter – Gerhard steht oben am Geländer: »Siehst süß aus mit den roten Haaren, Kinderkopf!« Er hat mir eine von seinen Plastiklederhosen geschenkt. Sie ist so elastisch, dass ich sie sogar beim Fechten anziehen kann. Oder zum Büroputzen, Samstagmorgens um fünfuhrdreißig. Sie eignet sich auch gut für meinen Job als Einkaufshilfe für alte Leute. Nur die blumenbestickte Bast-Einkaufstasche stört das Ensemble.

Ute macht mit Georg Danzer eine Promotion-Senderreise für seine neue LP. Ich komme als Zweitsekretärin mit zu »Radio Hamburg«, da gibt er ein Interview und singt live im Studio. Ich frage den Musikchef, ob er einen Job für mich hat. Ich brauche eine Beförderung. Und siehe da: Er hat gleich einen.

Ich stelle ab jetzt Musikprogramme für die Radiosendungen zusammen. Na klar kenne ich mich mit Musik aus! Jetzt bin ich Musikredakteurin bei »Radio Hamburg«. Ich tu was und verdiene Geld. Während der Woche Schauspielunterricht und am Wochenende Musik. Zu den meisten Liedern habe ich ganz bestimmte Erinnerungen. Wenn ich sie höre, läuft der ganze Film von der Zeit damals noch mal in meinem Kopf ab wie ein internes, privates Kino. In der ersten Zeit spiele ich alle meine Lieblingssongs und natürlich Gerhard. Ich stehe mitten in einer Musikplantage, im Archiv von »Radio Hamburg«. Meine Finger tasten sich über unzählige Plattencoverrücken, um an einigen hängen zu bleiben und hineinzugreifen. Ich erkenne alle LPs bereits nach kürzester Zeit am Coverrücken. Ich habe ein fotografisches Gedächtnis. Nur die besten Songs für Hamburg!

In der Schule presse ich mir den letzten Tropfen Blut aus dem Herzen. Erst dann glaube ich mir, was ich spiele. Erst dann glaube ich, dass ich gut bin. Ich zerfleische mich, ich wühle in mir, um das zu finden, was wirklich wahr ist. Ich fühle, dass in mir so viel Kraft ist, so viel Liebe, Leiden, Trauer, Freude, Hingabe, Hass, Macht, Mut. Jedes Mal, wenn ein Dozent mich mit »Weiter, weiter!« antreibt und ich aber doch abbreche, fühle ich mich mies. Immer wieder bin ich ungeduldig, wenn ich mal wieder neben mir stehe und mich selbst beim Spielen beobachte. Das ist der Tod der Kreativität. Perfektionismus auch. Wann werde ich mit mir zufrieden sein können?

Anna sagt, ich würde mich zu sehr unter Leistungsdruck setzen. Ich würde zu viel von mir verlangen. Wir reden sehr viel miteinander. Sie hat einen blauen, bestechenden Blick. Ihr wildes, lockiges Haar formt sie, während sie redet, ständig zu einem Pferdeschwanz, aber dann lässt sie es wieder los, und es ist genauso ungebändigt und zerzaust wie vorher. Sie sitzt in meinem Zimmer und schminkt sich. Ab und zu greift sie zum Sektglas und nippt daran, dann geht die Schminkarie weiter. Sie kennt mich manchmal besser als ich mich selbst. Es passt mir nicht, dass sie alles von mir weiß. Unsere Freundschaft wird so eng, dass wir fast keinen Schritt mehr ohne die andere machen können. In unserer Klasse treten wir nur noch als Paar auf. Wenn ich allein komme, fragt man mich sofort: »Wo ist denn Anna?«

Wir streiten uns wegen der banalsten Angelegenheiten.

Sie will, dass ich nach dem Unterricht mit zu ihr komme. Ich will aber nach Hause. »Du hast doch gesagt, dass du mit zu mir kommst!« – »Ich hab's mir aber anders überlegt.« – »Wieso? Was ist denn jetzt los? Du denkst immer nur, dass du tun kannst, was du willst!« – »Das denke ich, und ich tu es auch.« – »Warum bist du denn so aggressiv? Ich finde dich unmöglich!« – »Ich bin nicht aggressiv, ich will nur einmal machen, was ich will! Und ich will zu mir nach Hause! Das hat doch mit dir überhaupt nichts zu tun!« – »Natürlich hat es was mit mir zu tun, denn du willst nicht zu mir!« – »Du bist egozentrisch!«, wirft sie mir vor. »Und du egoistisch.« Das Spiel geht so lange hin und her, bis ich vor Wut den nächst-greifbaren Ikeastuhl an die Wand donnere: »Ich will einfach nur allein sein. Kannst du das nicht kapieren?« Wenn du als Schauspieler nicht ordentlich streiten kannst, bist du geliefert. Ich kann's jetzt.

Zu Hause ruft mich Anna an und fragt, ob unsere Freundschaft nun zu Ende sei, und sagt, dass sie das auf keinen Fall will.

Der B-Test ist positiv. Ich bin also schwanger. Dabei haben wir doch Präser benutzt. Meistens, meistens … Wie auf Knopfdruck sehe ich mich mit dem Kinderwagen an der Alster entlangspazieren. Mindestens alle halbe Stunde stelle ich mich vor den Spiegel und sehe mich an. Ich werde eine gute Mutter sein. Eine Abtreibung kommt gar nicht in Frage. Gerhard und ich bleiben endlich zusammen. Das wäre die Rettung. Wie viele Mädchen hatten bereits den gleichen Gedanken? Ich schäme mich für meine erpresserischen Pläne und erzähle niemandem davon. Anna kennt sie trotzdem. Sie will mich zu einer Abtreibung überreden. »Du kannst doch dieses Kind nicht kriegen.« – »Wieso nicht?« Ich laufe den ganzen Tag nur lächelnd durch die Stadt, und es kommt mir vor, als würde ich das Kind schon in mir spüren. Ich fange an, mit ihm zu reden. Gerhard sage ich es erst, wenn ich die Bestätigung vom Arzt habe.

»Alles ist in Ordnung.« – »Was ist in Ordnung?« Eine ganz gesunde Schwangerschaft oder wie oder was? Der Nagel meines Zeigefingers muss herhalten, um die Spannung auszugleichen. Ich sitze im Arztsprechzimmer auf dem Stuhl wie auf einer Bombe, die jeden Moment explodieren wird. Die Frauenärztin sitzt vor mir. »Es ist lediglich eine kleine Hormonstörung.« Eine kleine Hormonstörung!! »Haben Sie sich in der letzten Zeit psychischen Belastungen ausgesetzt gefühlt?« – »Äh, ja, das heißt, eigentlich nicht, alles ist so, wie es immer ist. Bei mir ist immer irgendwas los …« – »Na ja, sehn Sie, Sie sollten mal eine Pause machen. Sie sind ein bisschen nervös, und der Blutdruck ist auch zu niedrig. Fahren Sie doch mal mit Ihrem Freund an die Nordsee und …« Nordsee, aha. Mit meinem Freund. Sie redet weiter, aber ich höre nicht zu.

Also keine tiefgreifenden Veränderungen, und Gerhard brauche ich auch nichts zu sagen. Oder sollte ich ihm sagen: »Ich wäre beinahe von dir schwanger gewesen!?« Eine Woche später bin ich heilfroh, dass ich keinen Kinderwagen mit dem kleinen Gerhard drin in den Rollenunterricht mitnehmen muss. Wir proben *Die bitteren Tränen der Petra von Kant* und fechten dabei, was das Zeug hält. Das bringt mich zurück auf die Erde.

Gerhard schickt mir per Kurier seine neue LP in den Rundfunksender. Auf der Verpackung steht: »Zu Füßen Maria Bachmann.« Meine Kollegen wollen Genaueres wissen. »Wir sind schon lange befreundet.« Es ist die Wahrheit.

Nachts um halb eins fahren Gerhard und ich ins »Top Ten« auf den Kiez. Er redet die halbe Nacht mit einem blonden Model. Ewig lange Beine hat sie. So, wie sie aussieht, stelle ich mir die reinkarnierte Dummheit vor. Gerhard sitzt auf ihrem Schoß und hält ihre Hand. Das darf ja wohl nicht wahr sein! Wenn er das schon tun muss, dann soll er wenigstens abwarten, bis ich gegangen bin. Ich trinke viel mehr, als ich will. Die Frau ist unbefangen, lacht laut, bringt Gerhard auch zum Lachen. Ich kann nicht tanzen.

Ute legt mir eine gut klingende Weisheit ans Herz: »Wenn du jemanden auf einer Insel halten willst, gib ihm ein Boot.« Ich werde ihm einen ganzen Luxusdampfer zur Verfügung stellen.

Nadja hat »*Den* Job« hingeschmissen. Gerhard ruft mich an und sagt, es täte ihm leid, dass wir uns vor Weihnachten nicht mehr sehen. »Meine Süße, Küsschen.« Er verbringt Weihnachten auf Sylt. Ich fahre mit einer dicken Erkältung zu meinen Eltern.

Ich verbringe viel Zeit mit Andrea. Merke, dass ich mich immer noch mit dieser kleinen Stadt verbunden fühle, dabei bin ich schon seit über einem Jahr in Hamburg. Die Straßen sind friedlich und aufgeräumt. Genau wie meine Eltern, die mehrmals pro Woche in die Kirche gehen, um für mich zu beten. Ihre Gegenwart ist Seelenbalsam für mich. Ich enttäusche sie nur immer, weil ich die heiligen Hallen nicht mehr betrete. Ich erinnere mich an die Zeit, als ich vierzehn war, da ging ich alle sechs Wochen zur Beichte. Ich hatte meine Sünden aufgeschrieben, aus lauter Sorge, dass ich eine vergessen könnte. Wenn ich glaubte, dass ich zu wenige Sünden hatte, dachte ich mir ein paar aus. Ich beichtete: »Ich habe meiner Mutter die Zunge rausgestreckt, als sie nicht hinsah.« Als Buße musste ich drei Vaterunser und Gegrüßet seist du Maria beten.

Meine Eltern stecken mir vor der Abreise einhundertfünfzig Mark zu. Sie sind so fürsorglich, dass es mir manchmal zu viel wird. Meinem Vater kommen am Hoftor die Tränen, weil ich wieder in die große, weite Welt gehe. Ich reiße mich zusammen, um nicht mitzuweinen. Abnabeln ist nichts für Feiglinge. Aber es ist überlebenswichtig. Lieber Gott, liebe Göttin, erhalte meine Eltern noch lange! Ich träume nachts davon, dass sie sterben.

Meine Erkältung wird einfach nicht besser. Ich gehe zu einer Ärztin. Meine Nasennebenhöhlen sind entzündet. Sie sagt, das seien die »ungeweinten Tränen.« Aber ich weine doch schon so viel! Sie macht mir einen Termin bei dem Psychotherapeuten, der in derselben Praxis arbeitet. Er ist Sannyasin, Anhänger von Bhagwan. Vielleicht ist das eine gute Idee. Ich denke, ich bin so weit.

In der ersten Session habe ich noch gar nichts gesagt und weine schon einen Teil meiner ungeweinten Tränen aus mir heraus. Der Therapeut heißt Mario und schaut mich aufmerksam an. Sein Blick ist wie ein weites Bett, in das ich mich hineinlegen könnte, wenn ich wollte. Mario sagt, ich solle mal gucken, ob meine Liebe zu Gerhard nicht nur eine Projektion ist. »Du meinst eine Fata Morgana? Das wüsste ich«, sage ich. – »Eine ›Vater‹ Morgana vielleicht. Du musst aufhören, vor dir selbst wegzulaufen.« Er spielt mit seiner Mala. »Du projizierst deinen Vater auf Gerhard.« Nun ja. »Mein Vater und Gerhard, also … da gibt es sehr große Unterschiede«, sage ich zaghaft. »Was dein Vater dir nicht geben konnte, erwartest du von ihm.« Das kommt mir nun doch etwas zu weit hergeholt her, und ich muss grinsen. Er fügt hinzu, dass das im übertragenen Sinn gemeint ist. Und dass niemand auf der Welt diese Erwartungen erfüllen könne. Er empfiehlt mir, mehr auf das liebesbedürftige Kind in mir zu hören und nicht immer die Harte, Starke zu spielen, die alles im Griff haben will. »Das machst du, damit du den Schmerz nicht spürst«, sagt er. Wenn ich zu diesem Kind in mir stehen soll, was soll dann aus mir werden? Wie soll ich den Schauspielunterricht hinkriegen, wie die nächsten Treffen mit Gerhard? »Du musst es selbst an die Hand nehmen«, sagt er. Mario umarmt mich im Sannyasin-Stil, also ganzkörperlich. Ich lasse es geschehen. Ich deute es als eine Art eine »Vaterumarmung.« Dann küsst er mich, und ich halte den Mund geschlossen, weil ich in der Schauspielschulkantine ein Thunfischbrot gegessen habe. Gehörte das noch zur Therapie oder war das schon privat? Ist das die Bhagwansche Art, wie man therapiert? Sind Ärzte, die ihre Patienten küssen, nicht selbst therapiebedürftig? Ich müsste ihn anzeigen. An der Eingangstür bleibt er stehen und sagt: »Ich habe noch very good news für dich: Es ist eh *alles* Illusion.«

Ich verbringe meinen Geburtstag bei Heidi auf Sylt. Heidi und ich gehen stundenlang am Strand spazieren. Für drei Tage bin ich raus aus der Stadt. Die Gespräche mit Mario klingen nach. Vielleicht ist an seiner Theorie doch was dran. Er sagte sogar, dass Gerhard mir einen großen Gefallen damit tun würde, mich nicht zu erhören. Denn dies sei die Chance, daran zu wachsen und mich zu befreien. Ich protestierte gleich, sagte, dass Gerhard mir so gut wie keinen Gefallen tut, ich ihm aber trotzdem erliege. Ich fragte ihn noch: »Und was soll ich jetzt tun?« – »Nichts«, sagte Mario. Nur beobachten.

Das Meer hat viel Unrat an Land gespült: Blechdosen, Plastikkanister, einzelne Schuhe. Ich überlege, wo die Besitzer der Schuhe jetzt sind und auf welche Art und Weise sie sie wohl verloren haben. Heidi und ich malen ein Herz am Strand und rennen wie in romantischen Liebesfilmen vor den Wellen davon, bis es anfängt zu regnen.

Mein Krankenpfleger-Mitbewohner sagt mir, dass Gerhard angerufen hat. Er lädt mich in die Sauna ins Interconti ein. Ich gehe hin. Und nehme mir vor, alles besser zu beobachten. Aber auch nicht zu viel.

Wir schwimmen im Pool und lesen uns gegenseitig aus der Zeitung vor. Alles ist harmonisch.

Als Nadja durch die Drehtür eilt, während wir in der Hotelbar sitzen, fällt mir beinahe mein »Sportlercocktail« aus der Hand. Ich wusste gar nicht, dass sie in Hamburg ist. Und erst recht nicht, dass sie bei Gerhard übernachtet. Wieso ruft er mich dann an? Hat das für ihn einen besonderen Reiz? Nadja straft mich mit Verachtung. Die Stimmung ist äußerst angespannt. Ich überwinde mich und frage, was los sei. Sie sagt, sie habe gehört, dass ich ihr »Den Job« missgönnt hätte. Ich gebe es zu, und sie wird noch wütender. Sie dachte, ich würde es wenigstens abstreiten. Während Gerhard sich in sicherer Entfernung diskret mit dem Barkeeper unterhält, gibt sie zu, dass sie sich wieder von Gerhard ficken lässt. Sie trägt sogar seinen purpurroten Mantel. Ich bin sauer auf sie, nicht auf ihn. Da fällt es mir auch schon ein: Beschütze ich Gerhard, weil ich meinen Vater in ihm sehe? Das ist doch absurd!

Ich habe eine Einladung zum einjährigen Bestehen der Arztpraxis bekommen, in der Mario seine Sessions gibt. Der Laden ist gerammelt voll, und im Arztsprechzimmer spielt eine Band. Eine Party in einer Arztpraxis! Allesamt Bhagwan-Anhänger in roten Gewändern, manche tragen die vom Guru persönlich gesegnete Rosenholz-Mala quer zwischen Hals und Achselhöhlen. Das kommt besonders lässig. Am Buffet fehlen die Messer für den Käse, und Mario holt stattdessen Skalpelle aus dem Behandlungsraum. Die Haare fallen ihm in schwarzen Locken über die Schulter. Ab und zu nimmt er eine Frau in den Arm, küsst sie. Wahrscheinlich eine Klientin, wie ich. Sodom und Gomorrha gibt es also nicht nur im Pop-Business. Sondern auch bei Bhagwan, dem neuen Pop-Guru aus Indien. Das Dasein – eine einzige »Celebration«, eine »Illusion« zum Genießen! Eine Party ohne Besitzansprüche und einengende Treueschwüre.

Wo ist meine Jacke? In einem riesigen Klamottenhaufen finde ich sie, aber das Geld ist weg, inklusive Ausweis und Scheckkarte. Die Ärztin gibt mir zwanzig Mark Taxigeld, damit ich nach Hause fahren kann.

Eine Woche später bringt mir ein fremder Mann meinen Ausweis. Er sagt, er habe ihn in einem Kanal in Altona gefunden.

Das monatelange Training hat sich gelohnt. Ich bin nicht mehr so schwer von Begriff, wenn es um Jazzdance geht. Aber: Ich brauche mehr Platz! In der Stunde tänzeln mir die anderen vor der Nase herum, so dass ich mich kaum bewegen kann. Einer holt bei einer Drehung so weit aus, dass ich seine Hand knallhart ins Gesicht kriege. »Du verdammter Idiot!«, brülle ich ihn an. Ich bin außer mir. »Hat's wehgetan? Entschuldigung«, versucht er mich zu trösten. Das macht mich noch wütender. »Ich brauche dein beschissenes Mitgefühl nicht! Sieh gefälligst zu, dass du deine Flossen woanders hinhältst!« In Improvisation schlägt mir einer im Gerangel eine dicke Lippe. Mir reicht's.

Anna kriegt meine Befreiungsversuche im Fechten ab. Wir proben *Kabale und Liebe* von Friedrich Schiller. Sobald ich nur das Gefühl habe, sie will mich in die Enge drängen, zische ich sie an. Wir sind beide so aggressiv, dass die Fechtstunde beinahe zu einem Kampf um Leben oder Tod wird. Aber wir sind wunderbar authentisch dabei. Ich transformiere meinen Ärger über Nadja in reines, güldenes Schauspiel. Unser Fechtmeister ist hellauf begeistert. Wir kriegen jede Menge Applaus. Dabei fällt mir ein, was ich an Gerhard unwiderstehlich finde: seine unverschämt gelebte Freiheit.

Ich muss noch einmal in die Arztpraxis, unter anderem, weil ich einen Aids-Test machen lassen will. Aids ist neu, und man kann daran sterben. Jeder soll sich testen lassen. Hat Bhagwan gesagt. Mario sagt, dass Bhagwan sagt, dass man ab jetzt Sex mit Gummihandschuhen durchführen soll, damit man nicht mit Körperflüssigkeiten in Berührung kommt und sich keiner verletzt. In der Praxis werden sie sogar kostenlos verteilt. Sex mit Gummihandschuhen – kann ich mir nicht vorstellen. Vor allem nicht bei Gerhard. Da fühlt man doch nichts. Wir würden uns bloß kaputtlachen.

Der Aids-Test ist negativ.

Gerhard ist auf Tournee, und Nadja ist dabei. Sie hat für die Zeit der Tour wieder »Den Job« übernommen. Wenn sie Gerhard nicht gerade den Champagner hinterherträgt, betätigt sie sich als Hupfdohle auf der Bühne. Sie ist ständig mit ihm in der Zeitung zu sehen: lasziv sich räkelnd auf dem Sofa, Beine werfend, auf Gerhards Schoß und so weiter. Ich möchte diesen Mörderjob gar nicht machen. Aber vielleicht ja doch. Beim Konzert in der Sporthalle Hamburg will sie mir unbedingt zeigen, dass sie dazugehört und ich nicht. Sie ist unheimlich beschäftigt mit irgendwelchem Idiotenkram, den sie gar nicht tun muss, und lacht schon über Gerhards Witze, noch bevor er überhaupt angesetzt hat, einen zu erzählen.

Gerhard ist mir plötzlich fremd. Es ist das schwierigste Unterfangen überhaupt, in eine Rock'n'Roll-Crew zu kommen, die schon seit drei Wochen unterwegs ist und ihre eigene Toursprache gefunden hat. Ich erinnere mich an all die Mädels, die ich hab abblitzen lassen, als ich das Sagen bei den Konzerten hatte. Oder zumindest glaubte, das Sagen zu haben. Es sind viele von den Wichtigen da: Fritz Rau, Horst Königstein, Hermjo Klein, mehrere Pressefuzzis und Feist, der, wie ich von Nadja gehört habe, auch sie mal eben im Hotel verknuspern wollte. Ich wundere mich, dass er immer noch frei herumlaufen darf.

Der Tourleiter gibt mir einen Backstagepass. Gerhards Schwester steht im Catering-Room und unterhält sich mit den Musikern. Sie hat große Ähnlichkeit mit ihm. Die gleichen sinnlichen Lippen, die Gesichtsform, der spezielle Blick. Ich mag sie.

Gerhards Auftritt wird von den Fans gefeiert und von der Presse verrissen: »Lotus-Show – banaler Karneval«. Das hat er nicht verdient! Hoffentlich liest er das nicht. Sonst würde ich ihm sagen, dass eh alles Illusion ist.

Die Reichshof-Bar ist voll, aber es sind keine Groupies da oder Freundinnen des Hauses, oder wie immer die Frauen genannt werden wollen, die sich die Nacht mit ihrem Popstar zu sichern versuchen. Nur Nadja und ich. Wir reden miteinander, und sie erzählt mir sogar, wie anstrengend der ganze Tourstress ist. Das Kriegsbeil wird begraben. Nützt ja nix.

Ich rede kein einziges Wort mit Gerhard. Er ist umringt von Presseleuten.

»Bis die Tage!«, ruft er mir schon wieder zu. Ja, bis die Tage. Ich gehe. Ich gehe nicht, ich wandle. Ich komme mir vor, als wäre ich nackt, meine Pumps sind viel zu hoch, ich schwanke, ich bin auf einem Schiff. Lasst mich aufs Festland. Ich kann nicht schwimmen! Der Weg durch die Bar bis zum Hotelausgang ist so lang – ich altere beim Gehen um zehn Jahre. Mir fällt ein Satz von Else Lasker-Schüler ein, über die ich ein Referat in Theatergeschichte gehalten habe: »Ein brennendes Rad – es fuhr mal eben über mich. Ich erliege ohne Groll dieser schweren Brandwunde.« Sie versteht mich.

Gerhard und das ganze Tour-Team haben einen day off. Weiß der Henker, wo sie sich rumtreiben werden! Wahrscheinlich ist das Gesocks auf dem Kiez. Ich weiß also, wo ich auf keinen Fall hingehen werde. Eine Brandwunde reicht mir … Ich muss ins Kino. Ich war schon lange nicht mehr im Kino.

In dieser Nacht träume ich von Gerhard. Wir stehen eng umschlungen da, und er sagt: »Komm, lass uns abhaun.« Dann bin ich bei ihm in der Wohnung, und wieder redet er: »Du, ich hab's mir anders überlegt, ich schlaf heute mit Fräulein Soundso.« Es ist immer das Gleiche. Meine Albträume langweilen mich. Aber auch die sind nur eine Projektion. Das heißt, dass nichts eine Bedeutung hat. Das heißt, dass es auch völlig wurst ist, wenn Gerhard sagt: »Bei mir wird Kundendienst groß geschrieben« oder »Hier macht's der Chef noch persönlich.« Das bedeutet, dass mein Rackern und Ackern, sämtliche Umzüge in andere Städte eigentlich für die Katz sind und ich genauso gut hätte daheim bleiben können, in meinem kleinen Nest, wo ich krepiert wäre. Das kann doch nicht sein! Geht es nicht darum, das Beste aus meinem Leben zu machen? Weil ich nur einmal lebe?

Ich telefoniere mit niemandem und möchte am liebsten nur noch schlafen. Damit ich nicht einfriere, erfinde ich ein Mantra, das mir Mario mal gesagt hat, und der hat es ganz sicher vom heiligen Bhagwan: Ich bin Gott in der Bewegung.

Über Ostern fahre ich in meine Heimat. Es ist Karfreitag, und ich habe im Zug zum Glück einen Sitzplatz erwischt. Die gedämpften Gespräche der Mitreisenden hüllen mich in einen Klangteppich ein, in dem ich unbeobachtet vor mich hinsinnen kann. Ich beschließe: Wenn Gerhard auch nur eine Projektion ist, kann ich ruhig bei ihm bleiben. Und weiter beobachten

Karfreitag! Ein besonderer Tag. Ein Tag des Schreckens – bis vor einigen Jahren. Wenn nur nicht diese verdammte Angst gewesen wäre! In der Nacht von Gründonnerstag auf Karfreitag war es fast immer so, als würde ich die Höllenleiden Jesu bis zur Kreuzigung am eigenen Körper miterleben. Ich konnte mich nie vom Fernseher losreißen, in dem der neue Jesus-Film lief. Ich verliebte mich fast immer in Jesus. Meistens hatten sie einen blauäugigen Darsteller genommen, oder der Arme hatte während der ganzen Dreharbeiten blaue Kontaktlinsen tragen müssen. Dazu die langen schwarzen Haare, der sinnliche

Mund und die zartgliedrigen, heilenden Hände ... Vor den Kreuzigungsszenen hätte ich besser das Programm wechseln sollen. Dann ging es nicht mehr. Ich klebte vor dem Bildschirm, meine Augen gebannt auf die riesigen Nägel gerichtet, die sie Jesus, dem gütigen Jesus, in Hände und Füße bohrten. Da nützte es mir auch nichts mehr zu wissen, dass es nur ein Film war. Ich durchlitt alljährlich eine Horrornacht. Träumte anschließend davon, dass sie Jesus kreuzigten und ich daneben stand und nichts tun konnte. Ich sah das Blut spritzen, und bei jedem Hammerschlag bäumte sich der Gottessohn auf und sah mir für den Bruchteil einer Sekunde in die Augen. Ich konnte ihn nicht retten, denn ich wurde von Soldaten festgehalten und musste mir das Spektakel ansehen. Sie sagten, ich sollte froh sein, dass ich nicht selbst gekreuzigt würde. Nach dem erlösenden Aufwachen trug ich den ganzen Karfreitag die Schuld auf mir, dass ich nichts getan hatte, um Jesus zu befreien.

Ich hatte in meiner Kindheit große Angst, im echten Leben als Märtyrerin auserwählt zu sein. Und ich betete als Zehnjährige inbrünstig, dass Jesus mich ein ganz normales Mädchen sein und bitte keine Wunder an mir geschehen lassen möge. Zumindest keine Erscheinung nachts im Schlafzimmer oder in der Kirche. Und wenn er sich mir offenbaren wollte, dann doch bitte so, dass ich mich nicht erschrecke und ihn gleich erkennen möge.

Ich fragte mich damals, ob die anderen Leute aus meinem Heimatort auch solche Träume und Visionen hatten wie ich. Zumindest schien auch ihnen am Karfreitag das

Lachen aus dem Gesicht entfernt worden zu sein – aus welchen Gründen auch immer. Jesus ist gestorben. Was konnte ich dafür? Mein ganzes Dorf hüllte sich in Schweigen, die Glocken erklangen um drei Uhr zur Sterbestunde ein letztes Mal, denn danach sollten auch sie schweigen bis zur Auferstehungsfeier. An Musik aus dem Radio war gar nicht zu denken. Was mir den Karfreitag rettete, war das Ostereier-Einfärben nach dem Kirchgang. Diese Zeremonie, die sich Jahr für Jahr wiederholte, gab mir die Ahnung von der Süße des Lebens zurück. Mutter und ich beim Eierfärben.

Das Eierfärben lasse ich mir auch bei meinem diesjährigen Besuch nicht nehmen, nur bei der deprimierenden Leidensliturgie müssen sie jetzt auf mich verzichten. Meine Nächte sind traumlos, so dass ich morgens wie ein unbeschriebenes, weißes Blatt Papier aufwache.

Unten am Main findet ein Open-Air-Festival statt. Andrea ist auch gekommen. Sie hat sich inzwischen auch von unserem Heimatort verabschiedet und wohnt jetzt in Darmstadt. Da steht Stefan neben mir. Er habe sich ja so gewundert, mich neulich in Darmstadt backstage zu sehen. Woher ich denn Gerhard Lotus so gut kenne? Stefan ist schwer beeindruckt. Er ist Musiker, Gitarrist. Ich weiß, dass er gut ist – ich habe ihn schon früher öfter mal in seiner Band spielen sehen. Er legt eine mordsmäßig geile Show hin.

Stefan und ich enden im »Spessarteck«, der einzigen Szenekneipe der ganzen Gegend. Unterm Tisch streichelt er mir übers Bein und nimmt meine Hand. Der Abend ist noch lang, und nachts um vier küssen wir uns im Auto vor dem Haus meiner Eltern. Er will mich morgen wiedersehen, aber dass er das so unbedingt will, ist mir schon zu viel.

In der Feiertagsfeierlichkeit überfällt mich jedoch plötzlich eine Sehnsucht nach Stefan, und wir treffen uns am übernächsten Tag zwischen Kaffeetrinken und Abendessen. Er sieht richtig knackig aus mit seinen ausgewaschenen Jeans, den weißen Turnschuhen und dem beigen Trench. Er ist eine Ausnahmeerscheinung in unserem Ort. Aber ich muss gleich zurück zur weitläufigen Verwandtschaft.

Dort werde ich viel gefragt: »Sag mal, wie kriegst du denn die Ränder um deine Lippen so exakt mit dem Lippenstift hin?« »Meinst du, dass du nach deiner Schauspielausbildung eine Anstellung bekommst?« – »Wie kannst du eigentlich überleben?« Das frage ich mich auch die ganze Zeit. Aber diese Fragen, die gefühlt aus der Welt der Faltenröcke und Bundfaltenhosen kommen, bringen mich dazu, mich am späten Abend noch einmal mit Stefan zu treffen. Wir verbringen einige Stunden im Auto miteinander. Der Wagen steht oben an der Burg, die die Nacht über von riesigen Scheinwerfern angestrahlt wird. Die kleine Stadt liegt uns zu Füßen. Die Sonne geht auf, und die Scheiben des Autos sind beschlagen. Ich glaube, ich will gar nichts von ihm. Ich hätte es ohne ihn hier bloß ums Verrecken nicht ausgehalten. Ich spüre wieder die

Enge, wegen der ich von hier abgehauen bin. Ich denke an Gerhard. Klar, dass ich ihm folgen musste, klar, dass er einen solchen Einfluss auf mich hat. Stefan bringt mich nach Hause, und ich lege mich ins Bett. Aber die Nacht ist schon vorbei, und tausend Gedanken rasen durch meinen Kopf, so dass ich mit offenen Augen an die Zimmerdecke starre. Ich versuche, meine Gefühle zu ordnen, an Schlaf ist nicht zu denken. Laufe ich wirklich vor mir weg? Aber doch auch zu mir hin!

Stefan fährt mich nach Frankfurt zum Bahnhof. Ich muss zurück. Doch in Frankfurt halten wir gar nicht erst an, sondern brettern einfach weiter. Er muss verrückt sein. Er fährt mich eben mal nach Hamburg, das sind über sechshundert Kilometer! In seinem alten, riesigen Mercedes-Schiff kommen wir uns vor wie Bonnie und Clyde. Aber ich merke schon: Je näher wir Hamburg kommen, umso distanzierter werde ich. Er soll in seiner Welt bleiben und ich in meiner! Er passt nicht in mein Leben hier, und ich werde ihn auch nicht mit Gerhard zusammenbringen. Ich weiß, dass er darauf spekuliert. Er will in seiner Band mitspielen und hat gehört, dass Gerhard einen neuen Gitarristen sucht. Das sind meine Vermutungen. Mein Hals kratzt. Ich werde wieder mal krank. Ich zähle die Straßenbegrenzungspfähle, die an uns vorbeifliegen, und mindestens bei jedem fünften merke ich, wie ein kleines, angstschauerliches Etwas durch meinen Magen kribbelt. Wenn einer sechshundert Kilometer fährt, um mich nach Hause zu bringen, ist das mehr als nur eine nette Geste. Vielleicht ist es auch reine Berechnung. Stefans Mercedes wird zu klein. Aussteigen geht nicht. Statt den Türöffner zu betätigen, taste ich blind nach seiner Hand und drücke sie ganz fest. Er erwidert den Druck mit einem »Na, du?« Bald sind wir da.

Am nächsten Tag habe ich eine solche Angina, dass ich nicht mehr schlucken kann. Ich mag ihn, aber er soll jetzt gehen.

An der Schauspielschule werfe ich mich in meine Rolle. Ich kriege trotzdem schwer Zugang zu ihr. Die anderen spielen einfach drauflos und sind damit zufrieden. Ich dagegen stelle jedes Wort, das ich sage, in Frage. Weiß, es ist immer noch mehr drin. Das hat nichts mit der Härte zu tun, von der Mario sprach, sondern mit purer Professionalität und Ideen. Und, ja, doch … Ich muss weicher werden. Ich soll mir sogar alles verzeihen, was ich nicht kann. Wenn ich nur wüsste, wie das geht.

Gerhard spukt mir wieder im Kopf herum, mein Lieblingsgespenst! »Man sollte sich mal wieder treffen«, sagt er. Die Idee des Tages!

Im »Zwick« kippen wir eine Flasche »Möt Schandong« und sind unter uns Steppenwölfen. Wir reden über unsere Traumfrau beziehungsweise -mann. »Es muss so 'ne reine Madonna sein, so 'ne sensible, intelligente, die mir zu Hause ein neues Nervenkostüm strickt. Da muss dann jeden Tag Weihnachten sein.« Er fantasiert drauflos, als wäre ich seine Psychotherapeutin und nicht seine Freundin. Dann sagt er wieder, dass er sich nicht entscheiden könne, ob Mann oder Frau, man weiß es nicht genau. Er redet ohne Punkt und Komma. Ich gehe es rational an und sehe zu, dass ich nicht allzu viel da reininterpretiere. Ich will nicht mehr jede seiner Visionen auf die Waagschale meiner Seelenbefindlichkeit legen. Das ist grundsätzlich nicht gesund. Ich brauche ja selbst einen Nervenkostüm-stricker an meiner Seite, jemanden, der für mich da ist, sich nicht dauernd um sich selbst dreht und zuverlässig und treu ist. Das sage ich ihm auch, und er nickt verständnisvoll. Nach einer Weile des Nachsinnens meint er: »Wär das nich auch ein bisschen langweilig?« Ich sage erst mal nichts. »Bei mir gibt es Abenteuer de luxe, anders als bei den anderen Schnarchnasen.« Hab ich schon ein paar Mal gehört. Treu ist er ja eigentlich: Indem er mir zuverlässig beweist, dass er nicht treu ist. Nach einer weiteren Weile ist es, als gälte alles, was wir grade sagen und denken, sowieso nicht für uns. Als wäre es nur Theorie, nicht ernst zu nehmendes Zukunftsgeplänkel, ja, reinste Imagepflege. Wir gehen nach Hause, zünden alle zehn Kerzen an seinem Messingleuchter an und liegen in einer Wiese aus sich endlos widerspiegelndem Kerzenschein. Weil mein Popstar nicht schlafen kann, erzähle ich ihm noch eine Geschichte, eine kurze. Noch vor dem spannenden Teil atmet er gleichmäßig vor sich hin. Er schläft.

Was ist los? Ich bin auf einmal im Steppen so gut. Und im Tanzen. Und im Fechten. Und im Rollenunterricht. Auf dem Weg zum Klo spricht mich einer aus meinem Semester an: »Du, was du eben in der Impro gemacht hast, fand ich echt gut. Du warst total da.« Wahrscheinlich wird doch eine spitzenmäßige Schauspielerin aus mir. Ich kann meinem Selbstbewusstsein beim Wachsen zusehen. Die Erkenntnis, dass ich als Rolle unberechenbar sein, mich spontan von einer geschmeidigen Raubkatze in eine Mörderin oder Friseurauszubildende und umgekehrt verwandeln kann, dass ich mich über das normale Limit hinaus ausdehne, weit aus dem Fenster lehne, und das auch noch erlaubt, ja, im höchsten Maß erwünscht ist, das knallt richtig rein. Nur durch die Schauspielerei kann ich in die Buntheit des Daseins vordringen, die mir sonst bis zum Lebensende verschlossen bleiben würde. Sie ist ein wahrer Segen.

Ich will aus der Bahnhofswohnung in Altona ausziehen. Seit einigen Tagen steht ein Mann vor meinem Fenster und guckt durch die Ritzen der Jalousien. Ich bin sicher, er wichst dabei. Ich kann in meinem Zimmer nicht mehr nackt sein. Ständig vermute ich dieses starrende Augenpaar hinter der Fensterscheibe, was sich meistens bestätigt. Der perverse Wichser lässt sich nicht einmal verjagen, wenn ich ganz laut »hey« schreie oder »verpiss dich«. Ich sitze immer auf der Lauer. Ich höre seine Schritte auf dem Kiesel, wenn er abends ankommt. Ich rufe die Polizei, aber als sie kommt, ist er weg. Er muss ein scharfsinniges Gespür für Bullen haben. Ich habe keine ruhige

Minute mehr, will nur weg. Und das Lustgestöhne von meinem Krankenpfleger-Mitbewohner durch die dünne Wand möchte ich auch nicht mehr hören.

Ute wohnt jetzt mit Georg Danzer in einer 170-Quadratmeter-Wohnung, dort komme ich unter. Ich habe endlich einen Balkon und Aussicht. Jeden Morgen öffne ich die Balkontür, trete hinaus und atme den Frühling ein. Ab jetzt will ich nur noch mein Leben genießen. Jeder Morgen-Milchkaffee im Bett ist ein Gedicht. Dass Ute mich ständig mit kleinen Jobs auf Trab hält, merke ich zuerst gar nicht: »Hol mir doch mal, bring mir doch mal ...« Heiße ich Boris? Ich mache, was sie will, freue mich über mein Stuckdeckenzimmer und ärgere mich, dass Georg nachts um drei noch ein Stück komponieren muss.

Ute nimmt mich mit zum Konzert von Konstantin Wecker. Er ist ein Stier, ein Koloss, gleichzeitig ein weicher Junge. »Du musst dir alles geben, Dämmern und Morgenrot, nur dafür lasst uns leben, oder bleib ewig tot ...« Seine Lieder stechen mir ins Herz, weil er die Wahrheit sagt. Ganz einfach scheint alles zu sein. Er stellt sich hin und lässt es geschehen. Die Schweißtropfen spritzen mindestens bei jedem dritten Aufstampfen des Fußes von seiner sonnengebräunten Stirn. Wie kleine Glaskügelchen. Und seine Stimme explodiert direkt im Bauch! Er lässt nichts aus, nichts bleibt offen. Es kommt mir so vor, als würde er jeden Tag mit sich abrechnen, alles überprüfen. Er sagt all das, was ich so oft in mich hineinjammere oder aus mir herausprügeln möchte. Die ganze kompromisslose Scheiße. Ich bin schwer berührt.

Ute passt es nicht, dass ich so sentimental bin, und sie sagt: »Man weint zu Hause.« Manchmal vergesse ich, dass sie Managerin in einem knallharten Business ist.

Nach dem Konzert stehen wir hinter der Bühne herum, und Konstantin Wecker mustert mich von oben bis unten. Er zieht mich mit seinen magischen Blicken splitternackt aus. Ich erwidere seinen Blick – schließlich habe ich den Wahnsinn in den Augen –, studiere ihn ausgiebig. Dann fahren Ute und ich noch zu einer Schicki-Micki-Party, die von einer Champagnerfirma gesponsert wird. Es gibt nichts Ekelhafteres als besoffene Arschlöcher, die mit Lippenstift auf den Wangen die aufgestylten Mädchen begrapschen. Ihre Augen bekommen dann so einen wässrigen Glanz, wie man ihn bei Kindern sieht, die in freudiger Erwartung der Geschenke vorm Weihnachtsbaum stehen. Es wird gefummelt und geleckt. Ab und zu höre ich einen weiblichen, grellen Ton des Entzückens. Zwei Paare zwängen sich in das viel zu kleine Badezimmer, um sich dort eine Prise Koks reinzuziehen. Nach einer Dreiviertelstunde kommen sie alle verknutscht und verklebt wieder raus.

Zu Hause in meinem Bett bin ich froh, dass es mit Konstantin Wecker nur beim Anschauen geblieben ist. Es ist schön, dass ich mir ganz selbst gehöre. Und noch schöner, dass ich nicht der Einbildung verfalle, ich könnte draußen irgendetwas versäumen.

Ein ruhiges Wochenende steht bevor. Ute und ich läuten unseren Entspannungstag ein, mit Eisenkrauttee, Heilerdenmaske und TV glotzen. Da ruft Gerhard an.

Er wohnt jetzt halb in seiner Wohnung, halb im Hotel Interconti. »Darf ich die junge Dame zum Relaxen in die Sauna einladen?« Schwitzen ist ohnehin das Beste, um die Giftstoffe der letzten Tage loszuwerden. Ich war schon zu lange nicht mehr in der Sauna. Nach dem zweiten Durchgang müssen wir uns gegenseitig beim Abkühlen behilflich sein. Aber irgendwie gelingt uns das nicht, es wird immer heißer zwischen uns. So ein bisschen im Liebesfeuer verschmelzen ist letztlich gesünder für den Teint als ein weiterer Sauna-Durchgang. Als mir zwischen unseren Löschversuchen ein »O Gott!« entwischt, meint er: »Du kannst mich ruhig Gerhard nennen.« Wir lachen so sehr, dass wir unser intimes Beisammensein erst mal abbrechen müssen. Außerdem kommt jemand rein.

Ich fahre mit zum Open Air nach Jübek. Anna begleitet mich zum Bandbus. Sie kennt Gerhard nur durch meine Erzählungen und begegnet ihm mit Vorsicht. Im Plaza-Hotel kommt er uns mit seinem roten Mantel majestätisch entgegen. Er sieht mördermäßig gut aus. Anna bietet er eine Zigarette an, und sie lässt sie vor lauter Aufregung fallen. Sie fährt nicht mit und zählt mir bis zu hundert Rechtfertigungsgründe dafür auf, warum ihr die Zigarette runtergefallen sei und dass das gar nichts mit Gerhard zu tun gehabt habe. Wenn ich eine Weltreise machen würde, sähe die Verabschiedung bei Anna und mir nicht anders aus. Wir umarmen uns. »Lass dich bloß nicht runterziehen von dem Kerl«, legt sie mir ans Herz. »Ich doch nicht! Willst du nicht doch mitkommen?« Da lacht sie nur und schüttelt ihren Kopf, so dass ihr braunes

Lockenhaar noch mähniger aussieht. »Ich bin doch nicht lebensmüde.« Wir versuchen jetzt immer, die andere so zu lassen, wie sie ist. Das ist die neueste Vereinbarung zwischen uns. Es scheint zu funktionieren.

Im Bandbus trinke ich Champagner, um für das Konzert gut vorbereitet zu sein. Alle sind friedlich. »Süße, geht's dir gut?« – »Ja, und dir?« – »Mir auch.« Ein Streicheln, ein Küsschen. Die beiden anderen Mädchen sind wegen der Musiker da und keine Gefahr für mich.

Bühne, Fans, Roadies, Mädchen, Applaus, Zugaben, kurz: himmlische Verzückung. Ich singe beim letzten Song auf der Bühne mit. Wie viel tausend Leute mögen wohl vor mir stehen? Die Atmosphäre hier oben ist überwältigend. Jedenfalls nicht von dieser Welt. Kein Wunder, dass die Suchtgefahr so groß ist. Ich sehe nur noch Köpfe, Köpfe, Köpfe. Jubelnde Köpfe. Und alle wollen das Gleiche: Rock'n'Roll, und dass einer das ausdrückt, was sie denken. Gerhard hat den Job übernommen, und er macht ihn hundertzehnprozentig. Er, der Rebell, erneuert immer wieder die Parolen für Frieden und Freiheit. Es ist ihm vollkommen egal, was der Rest der Welt dazu sagt. Er war schon immer stur.

In Hamburg lasse ich Gerhard mit dem Mädchen allein, das auf der Heimfahrt plötzlich im Bandbus war. Soll er sie doch durchnudeln, bis ihm der Schwanz abbricht. Und ihr wünsche ich Syphilis.

Zwei Tage später ruft er mich gut gelaunt an: »Wollte nur mal Hallo sagen.«

Der Kieferchirurg reißt mir zwei Weisheitszähne raus. Mein gesamter Schädel vibriert, als er in meinem Mund sägt und bohrt. Ich muss den Rachen so weit aufsperren, dass der rechte Mundwinkel einreißt. Danach liege ich mit dicker Backe im Bett. Das Eispaket auf meinem Gesicht tut gut. Die Schmerztabletten sind die absoluten Hämmer. Von morgens bis abends sehe ich mir in diesem angenehmen Dämmerzustand alle Fernsehprogramme an.

Maggie ruft mich an, die Leopardenhosenfrau. Wir haben es geschafft, uns anzufreunden. Sie kommt vorbei und bringt mir Trinkjoghurt mit oder macht mir einen Tee. Ich muss nicht mal überlegen, was ich haben will. Sie bietet mir alles Mögliche an, und ich sage nur »Ja« oder »Nein« dazu. So einfach ist das Leben. Da muss ich mir erst die Weisheitszähne ziehen lassen, um das rauszufinden. Zwischen Maggie und mir bricht das Eis. Sie hat kapiert, dass ich sie nicht treffen will, um besser an Gerhard ranzukommen. Nicht mehr. Ich würde lügen, wenn ich es von Anfang an abgestritten hätte. Das Thema »Lotusblüte« lässt sich jedoch trotz Zahnschmerzen nicht vermeiden. Wir reden bis nachts halb drei. Wenn ich die Schmusestündchen, die »prickelfitten«, nicht als das nehme, was sie sind, nämlich Spaß und Zeitvertreib und eine besondere Form von spontaner »freundschaftlicher Geste«, werde ich meines Lebens nicht mehr froh. Er lebt in seiner Welt, der großen Welt der ewig Suchenden. Wie Hermann Hesse. Erst lese ich *Narziss und Goldmund* noch einmal und danach *Schicksal als Chance* von Thorwald Dethlefsen. Er schreibt: »Jeder Mensch kann immer nur jene Bereiche der Wirklichkeit wahrnehmen, für die er eine Resonanzfähigkeit besitzt.«

Das mit den Zufällen habe ich sowieso nie geglaubt. Es verläuft nach einer gewissen Ordnung. »Wie oben so unten«, schreibt Dethlefsen. Es wird gerade schick, sich übers Universum und das Schicksal zu unterhalten. Mehr als eine Nacht pro Woche verbringe auch ich damit, darüber zu diskutieren, ob Zeit und tatsächlich alles eine Illusion ist oder nicht. Mario wusste es als Erster.

Ich komme zu der Einsicht, dass ich in meinem letzten Leben ziemlich viel Schwachsinn angestellt haben muss, um in diesem Leben von einer Flut von Abenteuerlichkeiten geradezu überschwemmt zu werden. Also schaue ich zurück dorthin, wo der Hund begraben liegt. Ich lausche der Stimme meiner per Nachnahme bestellten Kassette. *Reise zum Unbewußten:* »Ich zähle langsam von eins bis zehn, und bei jeder Zahl kannst du dich mehr und mehr entspannen. Wenn ich die Zahl zehn erreicht habe, liegt dein Körper in tiefem Schlaf, dein Bewusstsein aber bleibt wach ... eins ... zwei ...« Ich muss ein bisschen schmunzeln. »... drei ...« Hätten sie nicht einen anderen Sprecher dafür nehmen können? Einen, der dialektfrei und deutlich spricht? »... vier ...« Dieser hier klingt wie ein Schwabe, der hundert Gramm Grießbrei im Mund hat und nicht schlucken darf. »... fünf ... sechs ...« Ich lasse nicht zu, dass er deswegen an Glaubwürdigkeit einbüßt und lasse meinen Körper schlafen, während mein Bewusstsein einen Kellergang entlanggeht und dort die fünfte Tür öffnet. Dahinter ist eins meiner früheren Leben. Ich suche nach Gerhard zwischen braunen Lederzelten. Kann ihn nicht finden. Finde nur mich selbst als Indianertochter. Aber Indianerin oder Tempeltänzerin oder Bauerstochter in Atlantis ist ja fast jeder. Ich weiß also nicht, was ich davon halten soll.

Dann geht es zurück auf den Gang und durch eine andere Tür, fünf Jahre in die Zukunft. Ich zögere, das wollte ich eigentlich noch gar nicht wissen. Aber schon schließt sich die Tür hinter mir. Was ich sehe, macht mich hellhörig. Ich bin in einem riesigen Studio, voller Kabel, Gerüste und technischer Geräte. Es ist hektisch, die Luft elektrisiert. In fünf Minuten soll ich in das grelle Licht, in den Vorderraum des Studios gehen. Dort ist der Fußboden aus hellem Marmor. Man wartet dort auf mich. Ich werde befragt werden, und ich werde antworten. Eine Talkshow vielleicht? Nach meiner Rückkehr ins »Jetztbewusstsein« bin ich mir vollkommen sicher, dass aus mir ein Star wird. Ich geh einfach mal davon aus.

Bei meinem Job bei »Radio Hamburg« fragt mich der Programmdirektor, ob ich nicht mal moderieren will. Ab jetzt sitze ich zweimal pro Woche im Studio und lerne die Technik, wie man Platten, CDs, Jingles ab- und Tapes zusammenfährt, überblendet und so weiter. Die vielen Regler bringen mich zur Verzweiflung, und ich traue mich nicht, nach Hilfe zu fragen. Sobald ein Song zu Ende ist und ich das Mikrofon aufziehe, weiß ich nicht mehr, was ich sagen wollte. Und wenn ich es mal nicht vergessen habe, klinge ich hölzern und künstlich, so dass ich die Platten zusammenpacken und fluchtartig die Folterkammer verlassen muss. Ich probiere es aber immer wieder. Es gibt ja Leute, die denken nie darüber nach, ob sie vielleicht ins Stottern kommen oder ihnen plötzlich die Ideen ausgehen könnten. Die wissen einfach, dass sie gut sind. Und wenn sie wissen, dass sie's mal nicht sind, dann tun sie so, als ob. Das Publikum merkt den Unterschied nicht mal. Wieso bin ich so eine ewige Zweiflerin? Man muss doch frech sein. Eigenwillig. Flexibel und elastisch. Andere sind da ganz fix. Mit meiner Elastik sieht es aber grade ganz schlecht aus.

»Brauchst du noch länger?« Peter, ein Moderator, für den Nervosität beim Senden ein Fremdwort ist, steht in der Tür und holt mich in die Wirklichkeit zurück. Ich nehme meine Kopfhörer vom Ohr. »Wie?« – »Hast den Einsatz für die nächste Blende verpasst, hm?« Die Single,

die ich zuletzt aufgelegt hatte, knackt nach jeder Umdrehung. Das Lied war tatsächlich schon vor mindestens
zehn Minuten zu Ende, und ich habe es vor lauter Grü-
beln nicht gemerkt. Die Sendeanlage brummt in die Stille.
»Lass mich doch mal dein Demoband hören!« Ich bin auf
einmal wieder sehr wach. »Äh, nein, jetzt nicht, es ist noch
nicht so gut, nächstes Mal, okay?« – »Das sagst du schon
seit vier Wochen.« – »Ja, ich weiß, nächstes Mal, ehrlich.« – »Wann moderierst du denn endlich mal? Bist
doch langsam ›Nachtflug‹-reif!« So heißt die Sendung,
die ich fünf Stunden lang live moderieren soll. »Nächsten
Monat.« Vielleicht auch übernächsten. »Na, dann halt
dich ran!« Ich packe eilig meine Trainings-Beiträge, -kas-
setten, -Bänder, -Platten und lass es ganz schnell Feierabend werden. Im Sender sage ich, ich habe vorerst keine
Zeit zum Moderieren. Ich kriege einen Fressanfall nach
dem anderen und nehme die fünf Kilo, die ich nach der
Zahnoperation abgenommen hatte, in eineinhalb Wochen
wieder zu. Ich weiß genau, ich könnte eine gute Modera-
torin sein. Ich kann doch jetzt nicht den Schwanz einziehen! Ich fange wieder an zu meditieren. Aber manchmal
kommt mir selbst die Meditation wie reine Ablenkung
vor. Das sage ich aber niemandem.

Gerhard ist am Telefon. Ob ich Lust habe, in die Sauna
und am Abend ins »Pulverfaß« zu gehen? Ich habe heute
noch nichts vor … Ich nehme alles zurück, was ich jemals
Schlechtes über ihn gedacht oder gesagt habe. Wir reden

lange. Über die Pleiten, die er hingelegt hat. Darüber, immer wieder aufstehen zu müssen und wie schwer das manchmal ist. Über den Suff. Über die Chancen, die man verspielt, weil man sie übersieht. Über richtige und falsche Entscheidungen, über den Tod seiner Eltern, über seine und meine Erziehung. Dass es für ihn früh klar war, dass er abhauen musste. Wie bei mir. »Ich habe oft Angst, dass meine Eltern bald sterben.« – »Das kann ich verstehen.« Er ist ruhig und guckt auf meine Hände. Ich liebe ihn.

An der Schauspielschule steht mir die Zwischenprüfung bevor. Ich ackere und werde ihnen zeigen, was in mir steckt. Ich werde frech sein. Rotzfrech.

Mit Gerhard will ich vorerst keinen Sex, weil ich erkältet bin und mich ganz und gar elend fühle. Ich hänge auf einem der Stühle und mag nicht mal Champagner. Da sagt er: »Alex, wenn du gehst, kannst du Maria gleich mitnehmen.« Er hat eine andere angerufen und zu sich bestellt. Es funktioniert so schnell wie beim Pizza-Service. »Sag mal, geht's noch«, sage ich. »Du musst dich doch eh auskurieren, für deine Prüfung«, meint er. Schön, dass er so mitdenkt. Der Popstar will sich bloß nicht anstecken. Und zu Alex: »Die Gräfin setzen wir als Dekoration in die Ecke, die sagt sowieso nichts.« Ich sehe sie noch kommen, »die Gräfin«. Ein Porzellangesicht im karierten Rock. Als ich sie sehe, verstehe ich gleich, warum er das gesagt hat. Porzellangesicht setzt sich intuitiv und stumm in die Ecke, die ihr zugeteilt war. Na dann, gute Nacht. Ich bin stinkwütend auf Gerhard.

Ich habe die Schauspiel-Zwischenprüfungen bestanden und gehe mit Maggie aufs Prince-Konzert. Das ist Utes Big Deal. Ich hörte sie seit ich sie kenne mit leuchtenden Augen sagen: »Irgendwann mach ich Prince«, was bedeutet, dass sie das gesamte örtliche Management in Hamburg übernimmt. Und das ist ein Wahnsinnsjob. Da steht sie nun mit leicht zerzauster Frisur und knallroten Lippen und händigt Maggie und mir die Pässe aus. In diesem besonderen Fall bin ich auch mal mit einem Guestpass zufrieden. »Und, wie ist er denn so, Prince?«, frage ich. »Ganz nett.« Dabei nimmt sie einen tiefen Zug von der Zigarette. Sie hat nicht viel Zeit: »Schatzi, ich muss. Viel Spaß!« Damit dreht sie sich um, und schon im Weggehen brüllt sie ins Backstage-Gewimmel: »Horst, ich brauch mal zwei Stagehands! Das geht so nicht!«

Ich habe schon lange nicht mehr so viele Menschen auf einmal gesehen. Ich weiß, dass Gerhard auch hier ist, und bin sicher, dass ich ihn finde. Maggie hilft mir suchen. Mit einem Röntgenblick durchforste ich die Masse Mensch nach meinem Geliebten. Ich muss ihm schon ganz nah sein. Mein Gefühl bestätigt sich. Im oberen Drittel der VIP-Lounge, rechts von der Bühne, entdecke ich ihn, mit Alex und überflüssigem Weibsvolk. Bis zur VIP-Absperrung kommen wir noch. Dann baut sich ein Ordner breitbeinig und mit verschränkten Armen vor uns auf. Ich sehe ihm förmlich an, wie lange er auf diesen Einsatz gewartet hat. Was ich denn wolle? »Ich will zu Gerhard Lotus.« – »Das geht nicht.« Wie oft muss ich in meinem Leben noch abklären, dass ich zu ihm gehöre?

»Ich kenne Gerhard!« – »Ja, ja, ich weiß, und ich gehe bei Madonna ein und aus.« Er soll mich mal am Arsch lecken. »Gerhard!!!« Ich rufe laut und eindringlich in die Promi-Abteilung. Gerhard dreht sich um und lacht. »Mariechen und Maggie, was für eine Überraschung!« Und zum Ordner: »Würden Sie bitte die Freundlichkeit besitzen, die beiden reizenden Damen durchzulassen?« Weil das alles zu lange dauert, hebt mich Gerhard über die Absperrung.

Ich erzähle ihm als Erstes von meinem Schauspielerfolg an der Schule. »Meine Prinzessin hat die Prüfung bestanden!« Und er schleudert mich in der Luft herum, dass mein Minirock bis zum Anschlag hochrutscht und einige Leute durch den Schwung meine Füße in die Kniekehlen kriegen. Um den Ordner kümmere ich mich gar nicht mehr. Wir trinken den mitgebrachten Spezial-Champagner, den Alex aus einer Plastiktüte holt, und lassen uns von Prince einheizen. Maggie und ich reißen uns gegenseitig das Fernglas aus der Hand, weil wir keine Sequenz der Show verpassen möchten.

Gerhard sieht aus wie ein Gentleman. Vergessen seine Unverschämtheit. Aufgelöst meine Wut. Dem Prickeln von Unvorhersehbarkeit gewichen. Er steht hinter mir und presst sich an mich. Er macht unterm Schutz seines langen Blazers Bewegungen, als wolle er schon mal vortesten, wie wir's nachher am besten machen könnten. Er küsst mich öfter als sonst. Ich mache gar nichts, und er küsst mich. Die beiden anderen Mädels haben kapiert, dass sie keine Chance haben. That's life!

Nach dem Konzert gehen wir ins »Zwick«. Maggie

kommt nicht mit, diskret, wie sie ist. Gerhard ist so anlehnungsbedürftig wie nie. Wie kommt das? Er isst ein Steak, und ich schau ihm dabei zu. Entweder das stört ihn, oder er ist so sehr um meine Gesundheit besorgt: Ab und zu jongliert er auf seiner Gabel einen Bissen in meinen Mund: »Du musst auch was essen!« Ich habe keinen Appetit. Jeden Bissen muss ich ewig kauen. Ich werde von allen Anwesenden akzeptiert und unterhalte mich mit Hendrik, der Gerhards nächste Platte produzieren wird. »Ich muss mal meine Gattin fragen, ob sie auch gehen will«, höre ich Gerhard neben mir.

Wir gehen und reden von seinem Scheiß-Verhalten vom letzten Dienstag. Er sieht es ein, nickt, sagt »ja, klaa, verstehe, aber das kann man ja auch mal anders sehen.« Keine Wolke befleckt den Nachthimmel. »Bringst du mich noch ins Bett?« Wir schlendern zum Hotel Interconti. Ich glaube, er hält es manchmal in seinem schönen Zuhause nicht aus. Witzelnd bummeln wir den Gang entlang, hinein in seine Suite. Das Bett ist präpariert, die Bettdecke fein säuberlich zurückgeschlagen. Wir haben Zeit. Sind beide ganz zerbrechlich. Unsere Blicke ruhen ineinander, und meine Haut hört seiner zu. Ich will nicht bleiben, aus Angst, dass irgendwas kaputtgehen könnte. Er will noch eine Gute-Nacht-Geschichte. Er kriegt sie. Eine ganz kurze.

Ich bin im dritten Semester. Zu meinem Schauspielstudium

mache ich die »Dynamische Meditation« im Bhagwan-Center. Seine Meditationen sollen die besten sein, die es derzeit gibt. Jeder ist willkommen. Man muss am Eingang seinen negativen Aidstest vorzeigen und fünf Mark bezahlen. Der Test darf nicht älter als drei Monate sein. Sonst kommst du nicht rein. Der Saal ist voll. Dann geht's los. Ziel ist die Nichtanhaftung, das Loslassen von altem Kram. Die Musik gibt die Meditationsphasen vor: Ich atme chaotisch, ich schreie Huh-huh und springe mit erhobenen Armen in die Luft, ich flippe aus, ich liege still am Boden. Nach einer Stunde gehe ich tiefenentspannt zum Unterricht. Vielleicht fühlt sich Anna von meiner beginnenden Ausgeglichenheit gestört, denn wir streiten schon wieder. Es ist immer das Gleiche. Sie will was, was ich nicht will, und umgekehrt. Wir machen einen Versöhnungsspaziergang an der Alster. Am Bootssteg kommt uns Gerhard mit einer blonden Schnalle entgegen. Was am meisten an ihr auffällt, ist ihr pinkfarbener Lippenstift. Ich sehe beiden an, dass sie bis vor zehn Minuten im Bett waren. Die Pinklippe ist noch ganz aufgekratzt. Er hat's ihr bestimmt von hinten besorgt. Da passiert bei mir was ganz Komisches: Es macht mir nichts aus. Ich habe keine Energie mehr zum Aufregen. Ich kenne ihn inzwischen so gut, dass ich mich einfach nur freue, ihn zu sehen. Er könnte mit einem ganzen Harem gefickt haben. Ist das der Einfluss der Dynamischen Mediation? Ist es Abgeklärtheit oder purer Realismus? Ich muss die Fragen unbeantwortet stehen lassen. Genau wie ich es im Brief von Rilke an seinen Freund Kappus im Sprechunterricht gesprochen habe: »Sie sind so jung, so vor allem Anfang, und ich möchte Sie, so gut ich es kann, bitten, lieber Herr, Geduld zu haben gegen alles Ungelöste in Ihrem Herzen und zu versuchen, *die Fragen selbst* liebzuhaben wie verschlossene Stuben und wie Bücher, die in einer sehr fremden Sprache geschrieben sind. Forschen Sie jetzt nicht nach den Antworten, die Ihnen nicht gegeben werden können, weil Sie sie nicht leben könnten. Und es handelt sich darum, alles zu leben. *Leben* Sie jetzt die Fragen. Vielleicht leben Sie dann allmählich, ohne es zu merken, eines fernen Tages in die Antwort hinein.« Dieser Rat passt auch auf alle anderen Fragen. Ich hoffe, ich werde ihn nie vergessen.

Da fragt Gerhard, was ich heute Abend vorhätte. Ich weiß es noch nicht. Er auch nicht. Ich glaube, Bhagwan hat mal gesagt, dass das, was wir als Liebe empfinden, nur hinausgezögerter Sex ist. Und jemand anders hat gesagt: Liebe ist kein Gefühl, sondern ein Zustand inneren Friedens. Wo ist mein »Ich-kann-ohne-dich-nicht-leben«- Gefühl? Ich glaube, ich liebe ihn wirklich.

Ich muss was für meine Karriere tun. Das hat Gerhard auch gesagt. Ich fahre nach München und stelle mich bei mindestens zwanzig Filmfirmen vor. »Der Regisseur sieht sich bei der Besetzung alle Fotos an!« Die Sekretärin packt meine Unterlagen zu den tausend anderen Karteileichen. Ich habe keine Lust mehr, freundlich zu sein.

Irgendjemand gibt mir eine Chance, ich weiß es genau! Also raffe ich mich noch mal auf und gehe zu den nächsten fünf Filmleuten, die auf meiner Liste stehen. »Haben Sie schon Kameraerfahrung?« – »Nein, ich warte darauf, dass man sie mich endlich mal machen lässt!« – »Tja, ohne Erfahrung ist es ganz schwierig.« – »Wie soll ich sie kriegen, wenn Sie mir keine Arbeit geben?« Die sollen mich alle noch kennenlernen! Ihre Bemerkungen, dass ich ein besonderer Typ wäre und ein interessantes Gesicht hätte, können sie sich in den Arsch stecken. Dann habe ich ein spontanes Vorsprechen bei einer Casterin, Sabine Schroth. Sie ist eine der wichtigsten Besetzungsfrauen Deutschlands. Normalerweise kriegt man so schnell keinen Termin. Aber ich habe in der Telefonzelle nicht lockergelassen. Ich soll kommen, jetzt gleich, und eine Szene improvisieren, in der ich nach Hause komme und von meinem Freund erfahre, dass er mich betrogen hat. Ich habe kein Gegenüber. Ich spiele allein mit mir und mit Luft, stelle ihn mir vor, diesen Freund. Und gebe alles.

Seit fünf Tagen habe ich Fieber. Ich fühle mich gut, aber ich habe 38,5 Grad Fieber. Das ist mir noch nie passiert. Keine chronische Sinusitis, keine Grippe, nur Fieber. Unheimlich. Ich sehe mich im Spiegel an und suche nach Indizien für eine Krankheit. Kein Ausschlag, keine Pusteln, keine Rötungen, nichts. Der Arzt, der den Wochenenddienst macht, schickt mich mit einer Packung Aspirin wieder nach Hause. Er sagt, ich habe nichts. Meine Krankenhauszeit liegt zwar lange zurück, aber dennoch flüstert mir mein übrig gebliebenes Krankenschwesterfeeling, dass er nicht recht hat. Ute drängt darauf, mich ins Krankenhaus zu fahren. Mir wird schlecht. Ich war noch nie als Patientin im Krankenhaus. Ich packe vorsichtshalber meinen Teddybären mit dem Klettverschluss an den Pfoten ein.

Sie behalten mich dort. Ich muss Bettklamotten anziehen und mich in dieses fremde, sterile Bett legen. Ab jetzt bin ich ein offizieller Krankenhausfall. Ute sorgt für mich und bringt mir Bücher vorbei. Ich sehe durch die verschmierten Fenster direkt auf die Landungsbrücken. Sie stellen alle möglichen Untersuchungen mit mir an. Das Fieber steigt, und ich werde schwächer. Ich versuche, mich zu erinnern, wie ich früher die Patienten behandelt habe. Wenn die Krankenschwestern merken, dass ich reden will, haben sie plötzlich unheimlich viel zu tun. Die Stationsärztin mag ich sehr. Ich habe 39,6 Fieber. Anna ruft an und sagt, sie könne nicht kommen, weil sie Krankenhäuser nicht leiden kann. Ich knalle den Hörer auf. Ich will sie sowieso nicht sehen.

Keiner weiß, was ich habe. Ich kann nachts nicht mehr schlafen, weil die alte Frau neben mir erbärmlich laut schnarcht. Zweimal schieben sie mich über Nacht in das Sprechzimmer des Arztes. Ich will nur Ruhe. Alles andere ist mir egal. Ute besucht mich öfter, obwohl sie viel Stress mit Georg Danzers Plattenproduktion hat. Georg kommt auch. Die Schwestern haben so viel Respekt vor seiner prominenten Erscheinung, dass sie ihn sogar mit dem

Arzt reden lassen. Aber er kann auch nichts Neues über meine Krankheit erfahren.

Maggie besucht mich fast jeden Tag. Sie bringt mir immer was mit, heute den Sony Watchman von Gerhard. Er hat ihn eh nie im Gebrauch. Durch den Hafenfunkverkehr kriege ich keinen Empfang, mit Fernsehen ist also nix. Egal. Hauptsache ist, dass ich was von Gerhard habe. Es tröstet. Er erkundigt sich nach mir, sagt Maggie. Aber er kommt nicht. Sie erzählt mir alle News von ihm. Er hat jetzt eine Freundin, eine richtige. Sie ist eine Schönheitskönigin, ein Model, ist achtzehn und dunkelhaarig. Es gibt sie also doch, die Madonna, die Nervenkostümstrickerin, von der er immer geträumt hat. Ich kann mir gar nicht vorstellen, dass er ihr treu ist.

Ich denke, dass ich Aids habe. Die Ärzte reden von Leukämie und machen eine Knochenmarkspunktion. Ich habe Angst. Sie stechen mit einer langen, dünnen Nadel in die Wirbelsäule, ins Mark, und ziehen Blut in die Spritze. Junges Blut, von dort, wo's gebildet wird. Das weiß ich noch von meiner Schwesternausbildung. Ein trüber, langer Schmerz. Lass es bald vorbei sein! Ich höre die Englandfähre auf der Elbe tuten und beruhigende Ärztestimmen. Kralle mich an meinem Teddybären fest. Danach muss ich so weinen, dass ich fast nicht mehr aufhören kann. Muss ich jetzt sterben? Ich habe noch so viel vor! Gott im Himmel, ich verspreche dir, dass ich mich nicht mehr umbringen will, egal, was kommt. Aber wenn ich jetzt sterben muss, hat sich trotzdem alles gelohnt. Ich habe alles rausgeholt, was ging. Ich weiß annähernd, was

Ekstase ist und was die Hölle. Ist das nicht der Sinn des Lebens? Dass man alles Mögliche und Unmögliche ausprobiert und alle Gefühle erlebt hat?

Warum ist das Krankenhauspersonal auf einmal so nett zu mir? Ist der Test positiv? Maggie bringt mir einen Schokoladen-Nikolaus mit. Ich habe Heimweh. Früher habe ich am Nikolausabend immer eine Schüssel mit Äpfeln, Nüssen und Schokoladentannenzapfen bekommen. Und Dominosteine und Marzipankartoffeln. Bis vor einem Jahr haben meine geliebten Eltern das Nikolauspäckchen sogar nach Hamburg geschickt. Ich habe dann gesagt, sie sollten es lieber lassen, ich würde sonst so fett. Alles ihnen Vertraute verbindet uns. Und alles ihnen Fremde trennt uns. So ist es noch immer. Aber Krankheit und Sorge verbinden besonders. Deshalb telefonieren wir jeden Tag und sind uns nah.

Meine Eltern haben in der Kirche eine Kerze an der »Schmerzhaften Mutter Gottes« angezündet und beten für mich. Ihre Gebete werden erhört. Denn die Ärzte finden nach über drei Wochen raus, was mit mir los ist. Ich habe Pfeiffersches Drüsenfieber und muss noch im Krankenhaus bleiben. Meine Blutergebnisse sind noch zu schlecht. Ich werde weiter leben!

Jeden Tag erwarte ich nun sehnsüchtig von meinem Bett aus die Englandfähre. Ich kenne ihre Ankunfts- und Abfahrtszeiten genau. Bald werde ich fit sein und auch eine große Reise machen. Ich kann diesen Krankenhausfraß nicht mehr sehen! Jeden Tag die Spannung, was sich wohl heute unter dem Silberdeckel verbirgt, und jedes

Mal der gleiche Frust. Das halbe Hähnchen, das sie viel zu früh aus der Backröhre genommen haben, können sie gleich wieder mitnehmen.

Ich habe mir die Erlaubnis geholt, eine halbe Stunde draußen spazieren zu gehen. Maggie und ich essen im Stehimbiss an der U-Bahn Pommes mit Majo und Ketchup. Ein Festmahl! Ich bin noch wackelig auf den Beinen und schleiche durch die Gegend wie ein Schwerverbrecher, der aus dem Knast ausgebrochen ist. Der Unterschied ist: Ich gehe freiwillig zurück.

Dann holt man mich ans Telefon im Schwesternzimmer. Ich kann es nicht fassen. Aber es ist wahr. Ich habe eine Filmrolle in München! Achtzehn Drehtage. Ich drehe mit Gottfried John und Cornelia Froboess – das sind Stars – einen dreiteiligen Fernsehfilm fürs ZDF. Ob ich im Februar wieder fit bin? Ich bin jetzt schon kerngesund. Ich soll eine Tontechnikerin spielen, die mit ihrem Team aufs Land fährt, um ein Porträt über einen Pfarrer zu machen. Dabei gibt es allerhand Komplikationen.

Schon am nächsten Tag kommt mir dieser Anruf vor wie ein Traum. Aber die Besetzungsfrau aus München bestätigt es mir noch einmal.

Ich habe meinen ersten Filmvertrag unterschrieben und bin wieder zu Hause. Mein Zimmer ist mir völlig fremd, als sei ich ein ganzes Jahr lang weg gewesen. Ich kann vor Aufregung nicht mehr schlafen. Ich meditiere ein bisschen, um mein lautes Herz zu beruhigen. Es nützt nichts.

1989. Fünf Jahre nach Tag X habe ich keine Zeit mehr, um an Gerhard zu denken. Ich bin in München und muss drehen. Ich habe wenig Text, muss aber permanent im Geschehen sein, präsent. Das erweist sich als schwieriger, als ich dachte.

Cornelia Froboess ist eine Diva. Wenn sie in der Garderobe ist, verstummen alle und liegen ihr zu Füßen. Ihr braucht keiner was vorzumachen. Sie weiß alles vom Film. Sie sagt, sie sei genervt, wenn alle Leute sie auf ihren Kindersong »Pack die Badehose ein« hin ansprechen. Das verstehe ich, aber ich musste auch sofort daran denken, als ich sie sah. Sie redet nicht viel; sie ist konzentriert und geht an die Arbeit. Die Worte aus dem Text kommen ihr wie ihre eigenen über die Lippen. Was sie sagt und spielt, ist sie auch. Absolut authentisch. Ich bin beeindruckt und möchte mir viel von ihr abschauen. Ich dagegen kämpfe während der Szene um meinen Platz im Bild und mit dem Scheinwerferlicht. »Du machst ihr Schatten«, heißt es. Oder: »Such dir das Licht.« Einmal sagt der Regisseur sogar: »Spürst du das Licht? Da bleibst du.« Herrlich!

Bei einer anderen Gelegenheit muss ich im richtigen

Moment den Kopf nach links wenden, denn dort soll in der Anschlussszene mein Partner zur Tür hereinkommen. Weil der im Moment nicht im Bild ist, stellen sie mir den Aufnahmeleiter hin. »Guck mal auf seine Hand, das ist die Blickhöhe!« Und ich spiele meine Reaktion auf eine Hand. Film ist anders als Theater. Film lernt man nicht auf der Schauspielschule. Film ist viel besser als Theater, weil es auf jede winzige Regung im Gesicht und im Körper ankommt und ich auf riesige Gesten verzichten kann.

Die gedrehten Muster sehe ich mir gar nicht an. Ich weiß, dass ich etwas daran auszusetzen hätte. Außerdem sieht Gottfried John sie sich auch nicht an. Er sagt, er fände sich immer unmöglich. Er ist still, bedächtig, konzentriert. Wenn er eine schwierige Szene vor sich hat, spricht ihn keiner an, und alle machen einen großen Bogen um ihn. Die Maskenbildnerin hat's am schwersten, denn sie muss ihn noch schminken. Sie ist ganz vorsichtig, als würde sie einen Kranken behandeln. Er lächelt sie zwischendurch nervös an – sie verstehen sich. Er sagt, dass er immer unglaubliches Lampenfieber hat. »Aber Sie haben doch so viel Erfahrung«, sage ich. »Das ist egal, es ist jedes Mal neu.« Er spielte in den Filmen von Rainer Werner Fassbinder, »Berlin Alexanderplatz«. Und ist immer noch nervös!

Der Junge, mit dem ich am letzten Tag eine Liebesszene hinlegen muss, ist neunzehn. Ich fünfundzwanzig. Am Set spielt er sich auf wie Klaus Kinski, raucht eine Zigarette nach der anderen und beschwert sich über die schlechten Drehbedingungen. Das Team macht sich insgeheim über ihn lustig. Seine vollen Kinderlippen fühlen sich genau so an, wie ich es mir vorgestellt hatte: prall und widerspenstig. Ansonsten ist mit ihm wenig anzufangen.

Während meiner freien Tage in München renne ich von einem Kino ins nächste. Ich kann mir keinen einzigen Streifen normal anschauen. Ich denke in Schnitten, in Einstellungen, in Perspektiven. Nachts kann ich kaum schlafen, weil ich vom Drehfieber befallen bin. Als der Dreh zu Ende ist, weiß ich, dass die Filmerei das ist, was ich tun möchte.

Immer.

Von meiner ersten Gage fahre ich nach Afrika. Grenzen im Kopf öffnen. »Do not leave your baggage unattended at any time.« Die Durchsage wiederholt sich alle zehn Minuten. Ich habe schon eingecheckt und sitze in den Hartplastikschalen der Abflughalle am Flughafen Fuhlsbüttel. Neben mir ein junges Ehepaar, aus dessen Handgepäck das Ende einer eingeschweißten Salami herausschaut. Vielleicht für den Fall, dass es in Kenia nichts zu essen gibt …

Das 5-Sterne-Hotel steht inmitten vieler anderer 5-Sterne-Hotels am Mombasa-Beach, und die Sonne scheint genauso intensiv auf sie wie auf die armseligen Lehmhütten, die gleich daneben stehen. Der Kontrast zwischen Arm und Reich ist gewaltig. Ich bin schockiert.

Wasser ist hier kostbar. Ich kann das Meer von meinem Balkon aus sehen und höre sein Rauschen bis in mein Zimmer. Es übertönt sogar das Brummen der Klimaanlage. Mein Zimmer besteht aus einem großen Bett mit Leinenbettlaken. Dunkle, geschliffene Holzmöbel, ein Sekretär, der geradezu dazu einlädt, an ihm zu schreiben. Nach Sonnenuntergang Reisetagebuch, ein paar Briefe an Freunde, über das Leben. Ja, das wär was. Mein Zimmer ist der einzige Ort, an dem ich nichts von Touristen mitbekomme. Ich habe mich fast dafür geschämt, selbst einer zu sein, als sie sich an der Hotelrezeption in dummdreister Ankunftsaufregung um den Portier drängelten oder sich gegenseitig die Anmeldeformulare aus den Händen rissen. »Guck doch mal, Herbert, da sitzt 'n Affe, ihh!«, kreischte die eingeschweißte Salamifrau. »Guck doch mal, hast'n gesehn? 'N Affe, Herbert!« Ihr Goldkettchen-Ehemann nickte fachmännisch. »Also, wenn der in unser Zimmer kommt, du, dann beschwer ich mich! Da kann man ja kein Fenster auflassen.« – »Die sind doch scheu, so nah gehn die an Menschen nich ran.« Der Affe hatte es sich inzwischen auf einem der gestapelten Koffer in der Eingangshalle gemütlich gemacht. Er guckt neugierig in die teils käsige, teils solariumvorgebräunte Gruppe und gibt keinen Ton von sich. »Du, Herbert, auf mein' Koffer kann der sich gar nich' setzen, der is' ja ganz untendrunter«, witzelt Salami und ist sichtlich erleichtert, dass ihr Hab und Gut vor dem wilden Tier geschützt ist. Ich beobachte alles, brauche Zeit, um mich an das Neue zu gewöhnen.

Ich trinke das Glas Wasser, das gereicht wird, mit einem Zug aus. Es hinterlässt einen eigenartigen Geschmack im Mund. Seltsam, dass ich mich im Urlaub mit Leuten abgeben muss, um die ich in der eigenen Stadt einen großen Bogen machen würde. Ich reibe mir China-Öl auf die Schläfen. Ich bin frei und kann mich mit dem Land beschäftigen, das ich sonst nur vom Fernsehen kenne.

Es ist nachts drei Uhr, als ich aufwache, weil mir so kalt ist. Die Klimaanlage hatte ich schon abgestellt. Das dünne Laken scheint dazu da zu sein, die Wärme abzuhalten, denn egal, wie ich mich drehe und zudecke: Mir ist kalt, und ich schmiege mich in den dicken Pullover für alle Fälle. Ich friere und klappere mit den Zähnen. Die Geräusche der Nacht dringen mit einem wohl lauen Luftzug in mein Zimmer. Aber es ist nicht nur, dass ich friere und keine Kraft mehr in den Beinen habe. Ich habe Angst, dass ich schon wieder ernsthaft krank bin. Mein Kopf rebelliert gegen die Gewissheit, dass es sehr ernst ist. Ich wähle die 215 des Haustelefons. Zum Glück habe ich mir die Nummer eines netten Ehepaares aus Hamburg-Norderstedt geben lassen – um sechs Uhr startet die Safari, die wir gebucht haben. Es ist jetzt halb vier, jemand nimmt ab, mürrisch. »Ich glaube, ich muss … Entschuldigung, dass ich anrufe, aber mir geht's so schlecht, ich habe Schüttelfrost, mir ist übel …« Ich kann die Safari nicht mitmachen. In meinem Hals bildet sich ein schmerzender Kloß. Am anderen Ende der Leitung beruhigen sie mich. »Ja, das machen wir … die Krankenschwester … Sprechzeiten ab acht Uhr …« Bis dahin werde ich durchhalten müssen. Ich muss ins Bad, kann mich aber nicht aufrecht halten und kehre auf halbem Weg auf allen vieren wieder um.

Der Early-Morning-Tea kommt mit einer Scheibe Toast. Darauf hatte ich mich so gefreut: karges Frühstück, nur das Nötigste, als Stärkung für die Fahrt in den Tsavo Nationalpark, wo ich die Farben Afrikas sehen wollte. Und vor allem die wilden Tiere, die einzig nach ihrem unverfälschbaren Instinkt leben, nach ihren Regeln jagen, fressen und ruhen. »I'm ill.« Die Zimmerfrau nickt mir auf meinen Hilferuf hin freundlich zu und verschwindet wieder. Es ist Sonntag, die Krankenschwester hat frei, und ich muss unbedingt zum Arzt. Ich lasse mich mit dem Taxi ins Krankenhaus von Mombasa fahren; ein anderer Hotelgast muss ebenfalls dorthin. Wir fahren durch Viertel, in denen sich das Blut frisch geschlachteter Tiere einen Weg über die Straße bahnt und dann antrocknet; die Luft steht; es stinkt nach Abfall, dass ich mich fast übergeben muss. Dann überqueren wir einen Basar, auf dem sich die Verkäufer und Händler gegenseitig mit Rufen und Werben übertönen – es duftet nach Räucherstäbchen, nach Gewürzen –, ich kann nicht erkennen, was sie alles verkaufen. »Tontöpfe«, sagt der Hotelgast, Willi ist sein Name. Es scheint sehr heiß zu sein, denn Willi läuft der Schweiß von der Stirn. Ich hingegen bibbere vor Kälte. Er verscheucht immer wieder die Fliegen, die sich in unbeirrbarer Zielstrebigkeit auf sein Gesicht, am liebsten in die Mundwinkel, setzen wollen. Als ich endlich dran bin, lasse ich mich auf die schmutzige Liege vor mir fallen. Ich wünschte, sie würden den Ventilator abstellen. »Did you vomit?«, fragt mich die Ärztin. »What?« Ich kann kaum sprechen. Was soll dieses Wort heißen, verdammt, ich kenne es nicht. »I'm weak, I'm very cold.« Diese Auskunft muss ihr doch reichen! »Did you vomit?« Diesmal beugt sie sich vornüber und reißt den Mund auf. Sie will mir etwas erklären. »I don't know.« Ausgerechnet dieses Wort kenne ich nicht. Sie gibt mir eine altertümlich aussehende, kleine Tüte mit Tabletten, beige und groß sind sie. »One morning, one afternoon, two night.« – »Ja, yes, yes. Thank you.« Ich schlucke die losen Pillen. Ich will das überleben. Und so kommt es auch. Was es genau war, erfahre ich nicht.

Seit zwei Tagen regnet es nicht mehr, und mir geht es besser. Ich stehe um halb sieben auf und begrüße die Affen auf meinem Balkon und das Meer. »Jambo, habari?« Die Strandjungen laufen mir hinterher und versuchen es in allen möglichen Sprachen,. »Du gucken, nix kaufen, billiger Jakob, geschenkt, lookie, lookie …«, und halten mir geschnitzte Holzelefanten unter die Nase, die es an jeder Ecke für ein paar Pfennige zu kaufen gibt.

Einmal sehe ich einen Massai den Hotelstrand passieren. Es ist, als gehöre er einer anderen Menschheit an. Sein Gang ist aufrecht und geschmeidig, voller Würde. Er lässt niemanden seine Gedanken lesen. Er ist genauso geheimnisvoll wie die Sterne, die zuunterst am Himmel kleben und leuchten. Mit ihrem Funkeln und Glitzern bitten sie mich, ihnen doch mal eben einen kleinen Besuch abzustatten. Sie hinterlassen keinen Sternenstaub, als die Sonne aufgeht. Ich schreibe eine gefühlsneutrale Ansichtskarte an Gerhard.

Meine Ausflüge ins Umland, in die Nationalparks, auf den indischen Ozean, in die Lehmhütten, sind auch Ausflüge weg von allem Berechenbaren. Die Lehmhütten sind Fabriken, in denen Hunderte von Arbeitern für einen Hungerlohn die kleinen Holztierchen schnitzen, die wir dann zu Hause in unsere Setzkästen stellen oder versehentlich beim Staubsaugen auf Nimmerwiedersehn verschwinden. Ich kaufe einem Jungen gleich zehn Stück davon ab – heimlich. Schwarzdealerei ist verboten. Er strahlt über das ganze Gesicht. Wie viel ist für ihn, was für mich so wenig ist? Ich komme mit den materiellen Gegensätzen dieses Landes nicht klar. Ich bin Touristin. Ein Kellner vom Hotel will mich heiraten. Bloß nicht. Ich muss zurück nach Hamburg, auch, wenn's dort keine frisch gepflückte Ananas gibt. Den stolzen Gang des Massai nehme ich im Herzen mit.

Das Telefon klingelt in meinem Zimmer. Ich nehme ab. »Hast du von Gerhard gehört?« – »Nein, wieso?« – »Dann setz dich lieber mal.« Die Tafel Schokolade, die mir gerade zum Opfer fallen sollte, vergesse ich auf der Stelle. Sogar das angebissene Stückchen lege ich zurück auf das Stanniolpapier. Gerhard ist tot, ist mein erster Gedanke. Das darf nicht sein. »Was ist los?« Ich kriege den Schokoladengeschmack nicht aus meinem Mund. Er passt so gar nicht zum jetzigen Zeitpunkt. »Gerhard ist im Krankenhaus, er hatte einen Herzinfarkt.« – »Was?« Ich bin schockiert. Ein Herzinfarkt! Der Gedanke, dass Gerhard etwas Schlimmes passieren könnte, ist so ungewohnt und fern, dass ich meine Gefühle nicht steuern kann. Aus Hilflosigkeit muss ich fast lachen. »Das ist ja furchtbar!« Ich weiß nicht mehr, wie man fühlt, bin völlig von mir abgeschnitten. Wie fühlt man? Ich bin taub. Blockiert im Hirn. »Wie ist es denn passiert?« Der beschissene Alkohol muss daran schuld gewesen sein. Und das viele Gemanage. Und der ganze Popstar-Stress.

Erst als ich auflege, verschwindet mein bescheuertes, panisches Grinsen aus dem Gesicht, und meine Augen bleiben, wie zum Ausruhen, auf dem angebissenen Schokoladenstückchen kleben, auf dem kleine Abdrücke meiner Schneidezähne zu sehen sind. Ich mache mir Vorwürfe, war ich doch immer gut mit dabei: »Hoch die Tassen!« – »Jeden Tag ist Feiertag!« – »Im Schampi sind die meisten Vitamine!« Scheiße. So langsam wird mir klar, was los ist. Alarmstufe drei für den Panikrocker. Ich widerstehe der Versuchung, ihn im Krankenhaus anzurufen.

Ich will mich nicht aufdrängen. Ich dürfte es auch noch gar nicht wissen, weil es mir unter der Verschwiegenheitsklausel mitgeteilt wurde. Ich wär gern bei ihm, ja. Ich würde einfach nur da sitzen, ein paar Minuten. Und dann wieder gehen. Hoffentlich hat er gute Schwestern und Ärzte, hoffentlich sind gute Freunde um ihn, keine Dummsülzer. Hoffentlich wird er gesund. Hoffentlich wird alles gut. Mein Tag ist gelaufen.

Am nächsten Tag sind alle Zeitungen voll davon, allen voran die *Bild*-Zeitung und die *Morgenpost*. Es liest sich, als wären sie dabeigestanden, als es passierte. Alle wollen es am genauesten mitgekriegt haben: wie die »Nachtigall« vom Herzinfarkt ans Bett gefesselt wurde … »Die Nachtigall ist heut' ein bisschen heiser …« Ich sehe ihn breitbeinig und mit leuchtenden Popstar-Augen sein Peace-Zeichen in die Rock'n'Roll-gierige Menge halten. Beim letzten Konzert hat er das gesagt, dass die Nachtigall ein bisschen heiser ist. Was kann ich machen, damit sie wieder singt? Mir fällt nichts ein. Nur, dass ich ihn in Ruhe lassen sollte.

Den weiteren Krankheitsverlauf erfahre ich aus der Zeitung. Ich glaube nur die Hälfte davon und hoffe, dass es ihm besser geht. Er ist wieder zu Hause. Ich rufe bei ihm an, erreiche ihn aber nicht. Ich versuche es kein zweites Mal. Ich muss auch auf mich aufpassen. Vielleicht nächste Woche.

Maggie schreibt Texte für Gerhards neue LP. Es geht ihm wieder gut. Sie sieht ihn oft, und ich will von ihr alles über seine neue, feste Madonna wissen. Ich muss Schauspielunterricht nachholen. Es ist besser so. Um mich abzulenken, verbringe ich die Abende in Decken gekuschelt und die Tasse Pfefferminztee in der Hand mit Ute vor der Glotze. Die Geschichten sind herzzerreißend und berühren nichts, was mich angeht.

Maggie kriege ich fast nicht mehr zu Gesicht. Deshalb

ruft sie manchmal aus dem Studio an. Sie ist dort tagelang mit Gerhard zusammen, nächtelang. Aber ich hüte
mich davor, sie dort zu besuchen. Ich bin darauf eifersüchtig, dass sie Gerhard so gut kennt, dass sie genau
weiß, was er singen will.

Aber dann passiert es doch wieder. Ich stehe im blauen
Zimmer in seiner Wohnung, und Gerhard sitzt im Be-
sprechungsraum nebenan. Ich bete, dass seine Freundin
nicht da ist. Ich will sie gar nicht sehen. Mir reicht es, dass
ich weiß, dass sie eine Bohnenstange von Model ist. Ich
war schon lange nicht mehr bei ihm. Der Rauchglastisch
ist nicht mehr da, dafür eine knallrote Sitzgruppe. Vorher
hat es mir besser gefallen. Maggie muss was mit ihm besprechen, und ich stehe als Begleitung rum. So was Blö-
des! Und immer diese wichtigtuerische Besprecherei!
Das Herz klopft mir bis zum Hals. Als wir uns zur Begrüßung küssen, weiß ich genau, dass es noch nicht vorbei
ist. Er fragt mich, wie immer, nach den Männern. Ich
erfinde welche für ihn. Er nimmt eins von seinen erst
kürzlich veröffentlichten Büchern vom Stapel und
schenkt es mir: *El Panico*. Im Treppenhaus klappe ich es
auf: »Ahoi, Maria! Love Fever, Chaot Gerhard.« Beim
zweiten Hinsehen stelle ich fest, dass es nicht Love Fever,
sondern »Love 4ever« heißt.

Ich habe ihn zum Abschied extra nicht geknutscht.
Und jetzt steht da: »Love 4ever«. Ich gehe nicht mehr
hoch, sondern mit Maggie in den »Sommergarten«. Ich

muss einen Cognac trinken. Er meint es doch ganz anders mit dem »Love 4ever«. Es ist wie mit dem »Somehow I love you«.

Ich gehe ins »Dorf«, in *die* Schauspielerkneipe in Hamburg. Mein neuer Schauspieldozent Richard ist da. Wir reden viel und trinken. Über die Stanislawski-Methode und mein »emotionales Gedächtnis«, mit dem ich mehr Bühnenpräsenz erreichen kann. Ich sollte dramatische Rollen spielen, Schiller oder so, meint er. Vielleicht, weil ich so dramatisch bin. Da hat er recht. Um halb drei geht er: »Wi si as.« Ich verstehe ihn nicht. »Ist das Spanisch?« – »Nein, Englisch.« – »Ach so. Ruf mal an!« Wie komme ich dazu, das zu sagen, frage ich mich, während wir uns wenig später die Finger kneten und uns an den Hals küssen. Er sagt: »Ich weiß doch gar nicht, wo du wohnst.« Wieso muss man zum Telefonieren die Adresse haben?

Wenn Richard bei mir zu Hause ist, bin ich völlig überfordert. Er sagt, er kann es nicht ertragen, dass ich so offen bin und er so zu. Was meint er? »Du bist total durchlässig«, sagt er. Wie kommt es dann, dass ich mich wie Backstein fühle? Er will ein Käsebrot. Mein Gott, wie geht ein Käsebrot? Will ein fremder Mann es mit viel oder wenig Butter? Verschämt biete ich ihm das Brot von vorgestern an. Es gibt noch so viel Altes zu vergessen: das ewige Abwägen, wie ich für jemanden sein soll, damit allseits Friede und Freude herrscht. Es sollte mir egal sein, ob er altes Brot mit viel oder wenig Butter kriegt. Solang es nicht schimmelt, ist es okay. Ich esse es ja auch noch! Sogar Georg Danzer isst es noch! Richard ist achtundvierzig, und ich bin nicht mehr allein.

Ich verbringe viel Zeit mit Richard. Dass er undurchlässig ist, stört mich nicht. Er kommt nach der Vorstellung, mitten in der Nacht, oder ich besuche ihn morgens vor der Probe. Neben mir hat er auch noch andere Frauen. Und eine zwölfjährige Beziehung zu Marlene, die gerade in die Brüche geht.

Ich lerne Marlene bei einem vierwöchigen Schauspiel-Seminar in Darmstadt kennen. Ich mag sie, und wir freunden uns an. Das Training geht von morgens um zehn bis abends um zehn. Unser Lehrer aus Hollywood bringt uns bei, wie man für den Film arbeitet. Das gibt es nur in New York und L.A. Wir machen Übungen, bei denen wir die Musik »sind« und uns entsprechend bewegen. Will einer es besonders gut machen, schreit er: »Go out of the way, it's not about you!« Oder: »Fuck your ego.« Er hat Lieblinge, die er besonders fördert, und andere, die er nur mitlaufen lässt. Ich gehöre zu den Ersteren – aufgrund meiner unnachahmlichen Durchlässigkeit. Glück gehabt. Selbst hier verfolgt mich der Druck, seine Methode richtigzumachen. Dabei ist man erst dann gut, wenn man aufhört, es richtigmachen zu wollen. Selbstständig denken, sagt Gerhard dazu. Immer, wenn mir dieser Sprung ins totale Scheißegal gelingt, bin ich frei. Zum Abschluss sagt er: »I want more of this, Maria.« Ich auch.

Danach bin ich müde und ausgelaugt. Ich sitze auf dem Balkon vor meinem Zimmer und schmecke mit jedem Schluck Milchkaffee die einzelnen Arbeitsszenen und den Applaus der Teilnehmer hinterher noch einmal durch.

Das Telefon klingelt, und Gerhard ist dran: »Wir würden uns sehr freuen, wenn du heute zu unserer Plattenvertrags-Verlängerungsparty ins ›La Paloma‹ kommst.« Er redet von sich immer als »Wir«. Wahrscheinlich meint er sich und sein »höheres Selbst«. Ich habe keine Zeit mehr, meinen Kaffee auszutrinken.

Zur Begrüßung setzt Gerhard seine Sonnenbrille ab und umfasst mein Gesicht mit seinen Händen, als wolle er darin lesen, ob ich noch auf ihn stehe. Ich wehre mich dagegen. Ich weiß, er kann alles darin sehen. Wir stehen Hand in Hand und Arm in Arm rum. Seine Neue modelt in Paris. Es sind viele da, die ich von den Tourneen kenne. Meine Wehmut ertränke ich an diesem Abend in Champagner. Er stellt mich den Plattenfirmen-Leuten als seine Schauspielkollegin vor. Das hat er noch nie getan. Ich fühle mich immer besser und muss ihn unbedingt abknutschen. Ich nehme mir ganz fest vor, den Abend als das zu sehen, was er ist, und nicht mehr.

Ute und ich müssen aus der Wohnung raus. Das Haus soll verkauft werden. Georg ist schon vor einiger Zeit ausgezogen. Marlene sucht auch eine Wohnung. Sie fragt mich, ob ich mit ihr zusammenziehen will.

Ich treffe Gerhard zufällig auf dem Kiez, und wir reden fünf Minuten im Stehen miteinander, während sein Model schon weitergeht. Er hat sich mit Kajal einen Schnurrbart angemalt – zur Tarnung. Ich habe ihn trotzdem erkannt. Man sieht sich vielleicht mal. Ja.

Mein Vater hat einen Gehirnschlag. Er kann nicht mehr richtig sprechen. Während der Weihnachtsfeiertage bin ich bei ihm. Er sieht eingefallen aus und alt. Er weiß nicht, was die Worte bedeuten. Aber er weiß, dass er es mal wusste und es jetzt vergessen hat. Ich lese ihm Sätze aus der Zeitung vor und erkläre sie ihm. Bei der zweiten Zeile weiß er schon nicht mehr, was in der ersten stand. Und das Ganze geht von vorn los. Manchmal denke ich, ich bin er. Und habe genau die gleiche Anstrengung in mir, die er hat, wenn er nach Worten sucht. Er ist mein Vater, der sich um so vieles bemüht, dessen Vergangenheit mir immer verschlossen war, aber jetzt noch mehr, weil er sich weder erinnert noch Worte mehr dafür findet. Ich wollte immer aufschreiben, was er im Krieg und in seiner Gefangenschaft erlebt hat. Nun ist es zu spät. Ich hoffe, dass er wieder ein Stück zu uns zurückkommt. An Heiligabend kann ich die Weihnachtsgeschichte aus der Bibel nicht weiterlesen, weil ich so weinen muss.

Ich fahre zurück nach Hamburg. Diesmal weint sogar meine zarte, starke Mutter. Ich rufe sie fast täglich an und mache ihr Mut, so gut ich kann. Ich kann nicht bei ihr bleiben. Ich muss hier sein. Es ist schwer zu erklären. Ohne schlechtes Gewissen geht es gar nicht. Werde ich mich jemals abgrenzen können? Ich will sie bald wieder besuchen.

Marlene und ich haben eine Wohnung gefunden – fast im Grünen. Wenn ich nachts nach Hause komme, liegt die Straße in tiefem Schlummer. Dann bilde ich mir ein, dass die Sterne in diesem Stadtteil näher an uns dran sind als im restlichen Hamburg. Marlene findet das auch. Fast wie in Kenia. Die Luft riecht modrig, feucht. Das kommt vom Moor, das ganz in der Nähe lauert. Die blauen Fensterläden, die Backsteinterrasse, der Garten davor, das ist jetzt meine neue Heimat. Alle Freunde, die uns hier besuchen, sagen: »Es ist so hell hier.« Oder: »Diese Wohnung hat eine so gute Schwingung.« Was immer das auch heißen mag. Aber ich sehe das auch so. Marlene und ich sind jeden Morgen glücklich, dass wir in diesem Paradies leben dürfen, vor allem weil es immer schwieriger wird, in Hamburg eine Wohnung zu finden. Wir verbringen den größten Teil des Sommers auf der Terrasse. Ich möchte so gern, dass Gerhard sieht, wo ich wohne, und treffe mich mit ihm.

»Frau Kollegin, wollen wir eine kleine Spazierfahrt machen?« Wir düsen mit seinem Porsche durch die Stadt und sind Freunde. Ich sitze ungeschminkt neben ihm. Ich rauche nicht mehr. Gerhard auch nicht. Wir sitzen pur nebeneinander. Mit seiner Madonna scheint alles ganz gut zu laufen. Sie wohnt bei ihm. Und meine Männer? »Na ja.« Ich will auch nicht mehr lügen. Wir sitzen im Café an der Milchstraße. Ich werde ihn jetzt fragen. »Kannst du dich noch erinnern, wie wir uns kennengelernt haben?« Ich bemühe mich, möglichst undramatisch zu sein. »Ja, das ist ja schon mindestens sechs Jahre her. Da warst du noch in diesem Kaff da unten im Schwarzwald.« – »Ja, da war ich ganz schön in dich verliebt.« – »Ja, du warst damals ziemlich durchgeknallt. Auf der großen Suche …« – »Sag mal, Gerhard, hast du mich eigentlich mal geliebt? Ich meine, damals?« – »Nö.« – »Also nie?« – »Nö.«

So einfach. Einfach »Nö«. »Aber mit dir schmusen und abheben, feiern und so, das fand ich immer ganz schön«, fügt er hinzu. »Du hast dich ja immer gleich wieder verknallt. Das geht ja nich bei so 'nem Vogel, wie ich das bin. Weißte ja, nä? Ich muss ja immer auf die Balz, nä?« – »Ja. Aber man kann es auch übertreiben.« – »Findste? Jaaa?« Das kann er sich gar nicht vorstellen. Er rückt ein wenig näher und macht mit einem Stirnrunzeln seinen Hut lebendig, so, dass er sich rauf und runter bewegt. Er sei die Sonne, um die sich alles dreht, sagt er. Ich sage, dass das so nicht funktioniert. Nicht in Beziehungen. Aber das kümmert ihn nicht.

Mit tiefster Überzeugung singt er noch immer: »Ja, soll denn so etwas Schönes nur einer gefallen? Die Sonne, die Sterne gehörn doch auch allen. Ich weiß nicht, zu wem ich gehöre, ich glaub, ich gehöre mir selbst ganz allein.« Das Sich-selbst-Gehören ist sein Ein-und-Alles. Sonst wäre er nicht er. Ich will mir eine Scheibe davon abschneiden, weil ich weiß, dass es mir extrem guttun wird. Ich muss gehen. Er schaut sich meine Wohnung nicht an, aber wir werden immer mehr zu Freunden.

Der Programmdirektor von »Radio Hamburg« fragt mich schon zum dritten Mal, ob ich nicht mal moderieren will. Ich hätte doch eine so klare Stimme. Zweimal hab ich es hingeschmissen. Ein drittes Mal werde ich nicht abhauen. Das wäre mir zu peinlich. Also: Ab ins Probenstudio! Nächtelang sitze ich dort und erzähle irgendwas, was keiner hört. Habe ich überhaupt etwas mitzuteilen? »Wenn du nicht weißt, was du sagen sollst, dann halt lieber die Klappe und spiel Musik!«, rät mir ein Kollege. Er macht den Job schon seit vier Jahren. Aber ich kann doch nicht nur Musik spielen! Was habe ich zu sagen? Ich suche wochenlang nach meinen eigenen Ideen und meiner persönlichen Handschrift. Dann bin ich »Ich« vorm Mikrofon, nur »Ich«. Ich will mir selbst vertrauen. Das muss man doch irgendwie hinkriegen können.

Mein Stocken vor offenem Mikro wird weniger. Und meine Füllwörter »ja« und »tja« und »also« auch. Vor meiner ersten Nachtsendung möchte ich am liebsten sterben, aber ich habe es ja im Krankenhaus versprochen, mich nicht mehr umzubringen, egal, was kommt. Also muss ich da jetzt durch. Ich habe schon seit letzter Woche eine Erkältung, die immer schlimmer wird, je näher meine erste

Sendenacht rückt. Ich kann kaum durch die Nase atmen, geschweige denn anständig sprechen. Ich sollte absagen. Aber das geht nicht, auf keinen Fall.

Drei Stunden vor Showstart bin ich im Sender. Ich gehe die Technik gedanklich noch einmal durch. Vor allem die für die Telefonaktion. Ein falscher Knopf während der Sendung, und es könnte sekundenlange Stille entstehen, absolute Sendepause. Das ist einer der Albträume, die mich schon vor zwei Wochen aus dem Schlaf gerissen haben. Der andere war: Ich komme zu spät. Aber ich bin da, pünktlich, mit einer Kanne Erkältungstee, einer Klinikpackung Nasenspray, Taschentüchern und drei verschiedenen homöopathischen Medikamenten, »to help me through the night«. Fünf Minuten vor Mitternacht kriege ich wieder einen Schweißausbruch. Ich weiß nicht, ob es Fieber ist oder das letzte Signal meines Körpers, dass ich mich vielleicht doch lieber ins Bett legen sollte. Ich setze mich auf den bequemen Sessel, dessen Sitzfläche noch von meinem Vorgänger angewärmt ist. »Toi, toi, toi«, höre ich noch. Dann bin ich allein. Allein mit dem ganzen »Radio-Hamburg«-Equipment. Und allein mit meiner Musik, die ich ausgesucht habe, allein mit dem Traum, der in einer Minute wahr werden wird. »...keine Verkehrsstörung gemeldet, gute Fahrt!« Los!! Ich drücke mit lampenfiebrigem Finger den Opener der Sendung: »Radio Hamburg Nachtflug!« Und eine Stimme ist durch den Kopfhörer zu hören: »Mit Maria Bachmann.« Es ist meine! Der erste Song schließt nahtlos an: »Do the right thing« von Simply Red. Ich rede auf einmal völlig schnupfenfrei. Daumen und Zeigefinger führen geschmeidig den Regler nach oben. Perfekte Blende! Der Versprecher bei der Abmoderation, na ja, der war menschlich. Und die Hörer am Telefon sind alle durchweg nett gewesen, bis auf einen, der war besoffen. Den habe ich nicht auf Sendung genommen. Das ist meine Show, und die lasse ich mir nicht vermasseln! Spaß kommt auf. Darauf habe ich schon die ganze Zeit gewartet. Morgens, kurz nach fünf, verlasse ich das Studio. Ich habe kein einziges Medikament gebraucht. Nur Unmengen von Taschentüchern. Ich bin knallwach. Draußen wird's langsam hell.

Von allen Seiten höre ich nur gutes Feedback. »Du kannst deinen ersten ›Nachtflug‹ durchaus als Erfolg verbuchen. Du hast alle Erwartungen übertroffen.« Es ist nicht zu fassen! Und davor hatte ich mich drei Jahre lang erfolgreich gedrückt. Ab jetzt bin ich der Nabel der Welt, wenn ich im Sendestudio sitze. Auf der Fahrt dorthin überkommt mich ein angenehmer Schauer: »Hamburg, ich werd's dir heute Nacht mit Musik besorgen!« Ich habe keine Zeit mehr für Zerwürfnisse mit mir selbst.

Als die Serie, in der ich mitgespielt habe, im ZDF gezeigt wird, ist mein ganzes Heimatdorf in hellem Aufruhr. Meine arme Mutter kann sich kaum noch gegen die vielen Komplimente und Anfragen erwehren, ihre »talentierte« Tochter betreffend. Und das, wo ich doch sonst nie »was Gscheites« auf die Beine gestellt habe. »Schön hat sie's gemacht!«

»Da sieht man mal, was man mit Schminke alles machen kann! So schön ist doch die Maria eigentlich gar nicht.«

Das war der Kommentar meines Chefs, bei dem ich meine Arzthelferinnenausbildung absolviert habe. Und beim Metzger und Bäcker: »Ich wusste gar nicht, dass ihr so eine begabte Tochter habt! Von wem hat sie das denn? Ach ja, vom Vater, der ist auch so ein Romantiker!«

Alle diese Neuigkeiten erfahre ich live am elterlichen Küchentisch. »Es wär schon ganz schön, wenn wir dich ab und zu mal im Fernsehen bewundern könnten«, meint meine Mutter, und im gleichen Atemzug: »Du, den Gerhard Lodus haben wir gestern auch in so einer Sendung gesehn. Mensch, der sieht ja aus wie der Tod in Person mit dem alten Schlapphut!«

In ihrem Mutterlachen ist ein kleines bisschen Stolz nicht zu überhören, und mein Vater ahmt Gerhards sehr eigene Mundstellung nach, die er übrigens sehr gut beherrscht, und fügt Worte suchend und findend hinzu: »Hast du keine Angst vor dem?« – »Nein«, lache ich. Mein Vater stimmt mit einem kräftigen »Ha, ha, ha« ein, und wir sind mal wieder eine richtige Familie.

Wir sitzen in der Küche bei koffeinfreiem Kaffee und »Apfelkuchen, sehr fein«, den meine Mutter bei unvorangekündigten Besuchen mal eben aus dem Ärmel schüttelt. Ja, es trieb mich auf einen Sprung »nach Hause«. Ich habe einen Film gemacht, ich bin Rundfunkmoderatorin, ich habe ein Stück von einem anderen Kontinent gesehen, und jetzt fühle ich mich, als sei ich einige Zentimeter gewachsen.

»Warum hat der dich denn eigentlich nicht genommen?« Mutter nimmt noch ein zweites Stück Kuchen. »Wer,

Gerhard?« – »Ja.« Soll ich sagen: Genommen hat er mich
schon, immer mal wieder? Aber da ich weiß, dass für meine Eltern in diesem Fall »…bis dass der Tod euch schei-
det« gemeint ist, rede ich mich raus: »Das ging halt nicht.
Wir sind zu verschieden, er hat nie Zeit, der Altersunter-
schied …« Sie würden nie verstehen, was der wahre
Grund ist: Dass alles Konventionelle, alles Eintüten in
Normen und Reglementierungen mit ihm nicht funktioniert. Und, dass das vielleicht sogar gut für mich ist. Ich
tippe die Kuchenkrümel in meinem Teller mit dem Zeigefinger auf und transportiere sie auf einen kleinen Krümel-
berg am Tellerrand. Habe ich mich all die Jahre in meinen
Eltern getäuscht? Sie hätten Gerhard vielleicht sogar als
Schwiegersohn akzeptiert, den Mann, der laut Vater nur
»Gejammer« singt und in den schwarzen Klamotten aussieht wie der Leibhaftige?

Jetzt wäre ich am Zug. Ich müsste nur sagen: »Wisst
ihr, was ich alles gemacht habe, um euch zu zeigen, dass
ich anders bin als ihr? Dass ich rausfinden kann, was ich
eigentlich will?« Ich bin ganz still. »Iss doch die Brösel, die
gehören auch zum Kuchen!« Mein Vater überwacht mit
Adleraugen meinen Krümelteller. Auf der Rückfahrt
nach Hamburg rauche ich so viele Zigaretten, dass mir
schlecht davon wird und ich eine Pause mehr machen
muss. Den Rest der Schachtel schenke ich einem Tram-
per. Meine Eltern hätten nichts dagegen gehabt, wenn
Gerhard und ich … Sie hätten meine sämtlichen Aktionen
akzeptiert – irgendwie. War denn meine ganze Rebellion
umsonst? Sogar die Windmühlenräder haben sie mir

weggezogen, gegen die ich die ganze Zeit gekämpft habe. Ich bleibe übrig, ich allein, die Kämpferin ohne Gegner. Der Steppenwolf, der ich immer sein wollte! Die Wandlerin auf unebenen Pfaden.

1991. Hamburg. Gerhard feiert seinen fünfundvierzigsten Geburtstag. Ich rufe an, um ihm zu gratulieren. »Mariechen, wir feiern hier ein bisschen, komm doch vorbei.«

Der Teppichboden im Hotel Intercontinental verschluckt jedes Gehgeräusch wie eh und je. Bei jedem Schritt wird man andächtiger. Die Tür seiner Suite steht offen… Stimmen und Lachen. Er telefoniert und ist fünfundvierzig. Wir geben uns die Hand. »Schön, dass du da bist«, sagt er. »Alles Liebe zum Geburtstag. Und die weiße Rose als Symbol deiner immerwährenden Unschuld.« Er grinst. Ein Geburtstagskuss. Champagnerlippen. »Ja, wir beide erhalten uns die ewige Jungfräulichkeit.« Ich bleibe. Gerhard und ich gehen auf den Balkon. Seine Madonna und er sind getrennt. »Hast du eine neue Freundin?« – »Nein.« – »Und wie geht's dir so? Was machst du ohne sie?« – »Kennst mich doch.« Der Abschiedskuss fällt inniger aus, als er geplant war.

Wochen später ruft er mich an: »Jetzt mal so von Kollegin zu Kollegin… ich hab dich neulich nachts im Radio gehört… hast 'n Song von mir gespielt… »I love me selber«… du machst das außerordentlich gut, richtig profimäßig. Du bist charmant, ganz persönlich, hast 'ne erotische Stimme ... aber das haben dir ja bestimmt schon mehrere gesagt ...«

Sein Urteil bedeutet mir viel. »Danke, dass du das sagst ... ich freu mich sehr.«

»Jaaaa? Wir sollten uns mal wieder treffen.«

Ja, das sollten wir vielleicht.

Nachgedanken

»Panikrocker küsst man nicht« schrieb ich im Sommer 1991 in einem zehntägigen Schreibrausch. Mein Mut wurde belohnt.

Zur Erstveröffentlichung gab Udo sein »Go« mit den Worten: »Du weißt ja, dass ich gern Nachwuchs fördere.« Dann kam der Durchbruch als Schauspielerin und Autorin.

Ich bin ein Kind der Nachkriegsgeneration, in der die Eltern das Grauen des Krieges und der Not nicht hinreichend oder gar nicht verarbeiten konnten. Ihre zum Teil lebensbedrohlichen Erfahrungen haben sie vorsichtig und ängstlich werden lassen. Deshalb waren in ihrer Erziehung Unterordnung, Sicherheitsdenken und schlichtes Funktionieren wichtiger als eigene Gedanken, Fantasie und Selbstbestimmtheit. Selbstliebe galt sogar als Egoismus und Sünde. Orientierung gab es hauptsächlich durch Befolgen von Regeln und Anweisungen. Aber: Hätte ich nicht auch die Kraft meiner Eltern geerbt, hätte ich Udo niemals kennengelernt. Und ich war neugierig genug.

Udo Lindenberg hat mir als drastischer Gegenpol, Popstar und Schuft in nicht zu überbietender Weise vorgelebt, wie wichtig es ist, Träume ernst zu nehmen und sie wahr zu machen, nach dem Hinfallen immer wieder aufzustehen und gern auch stur zu sein, wenn es um die eigenen Lebensregeln und Ziele geht. Ich bin sicher, dass wir hier sind, um den schillernden Juwel in uns selbst zu entdecken. Dann schauen wir über unseren Tellerrand hinaus und können etwas Ureigenes daraus machen, sogar unser eigenes unverwechselbares »Original« werden. Udo Lindenberg hat mich dabei unterstützt, meins zu suchen und loszugehen. Das war der Beginn meiner Abenteuerreise.

2019. Hamburg. Hotel Atlantic. Udo und ich sitzen immer noch in unserer Ecke und reden. Für mein Buch *Du weißt ja gar nicht, wie gut du es hast* hatte er mir neulich ein sensationelles Zitat geschenkt: »Nicht resignieren, sondern kapieren, die Seele reparieren und neu durchstarten. Egal, ob jung oder Greis, es wird Zeit, den Wahnsinn der Vergangenheit endgültig abzustreifen. Sitz dein Leben nicht ab, sondern greif nach den Sternen … Maria Bachmann holt die Leute aus dem Dämmerschlaf und nimmt sie mit in ihr Rebellentum.«

Die Freundschaft zu Udo funktioniert nach anderen Gesetzen als andere Freundschaften. Sie lässt sich nicht kontrollieren oder vereinnahmen. Sie ist liebevoll. Sie ist keinem Alltag und garantiert keiner Zeit unterworfen. Für mich ist sie überraschend und freigeistig.

Ja, grenzenlos.

»Das Leben jedes Menschen ist ein Weg zu sich selber hin, der Versuch eines Weges, die Andeutung eines Pfades. Kein Mensch ist jemals ganz und gar er selbst gewesen; jeder strebt dennoch, es zu werden, einer dumpf, einer lichter, jeder wie er kann.«

Hermann Hesse, *Demian*

Wir danken für die wichtigen Worte und die
Genehmigung ihres Abdrucks:

S. 7: Hermann Hesse: Demian: *Die Geschichte von Emil Sinclairs Jugend*. Suhrkamp Taschenbuch Verlag, Frankfurt am Main (Erstauflage 1974).

S. 106: Georg Danzer: *Löwenzahn*. Vom Album »Alles aus Gold« © 1985 Universal Music Domestic Pop, a division of Universal Music GmbH © 2011 Universal Music Domestic Pop, a division of Universal Music GmbH (erstes Erscheinen 1985).

S. 253: Hermann Hesse: *Demian: Die Geschichte von Emil Sinclairs Jugend*. Suhrkamp Taschenbuch Verlag, Frankfurt am Main (Erstauflage 1974).

Um die ganze Welt des
GOLDMANN-*Sachbuch*-Programms
kennenzulernen, besuchen Sie uns doch
im **Internet** unter:

www.goldmann-verlag.de

Dort können Sie
nach weiteren interessanten Büchern *stöbern*,
Näheres über unsere *Autoren* erfahren,
in *Leseproben* blättern, alle *Termine* zu Lesungen und
Events finden und den *Newsletter* mit interessanten
Neuigkeiten, Gewinnspielen etc. abonnieren.

Ein *Gesamtverzeichnis* aller Goldmann Bücher finden
Sie dort ebenfalls.

Sehen Sie sich auch unsere *Videos* auf YouTube an und
werden Sie ein *Facebook*-Fan des Goldmann Verlags!

www.goldmann-verlag.de
www.facebook.com/goldmannverlag

GOLDMANN
Lesen erleben